KB272926

주말골퍼,
똑바로
멀리치기!

독한 골퍼로 거듭나는 원 포인트 골프 팁

주말골퍼, 똑바로 멀리치기!

오태식 지음

매일경제신문사

언젠가 골프를 하다가 불현듯 이런 생각이 떠올랐다.

도대체 골프가 무엇이기에 오만상을 지어 가면서까지 작은 골프공 하나에 일희일비할까? 골프에 인생이 담겨 있다는 거창한 말까지 꺼내면서 말이다. 골프를 접하지 않은 사람에게 그런 말을 하면 아마도 혀를 끌끌 차며 안쓰럽다는 눈으로 쳐다볼지도 모를 일이다.

당신에게 골프는 무엇인가.

골프가 만인으로부터 사랑 받는 스포츠가 될 수 있었던 가장 큰 장점은 아마도 '정직하다'는 점일 게다. 연습벌레로 유명했던 '골프 전설' 벤 호건은 "하루 연습을 하지 않으면 자신이 알고, 이틀을 쉬면 캐디가 알고, 사흘을 쉬면 갤러리가 안다”고 말했다. 골프는 땀의 가치를 아는 스포츠다. 다시 말해 정직하다는 얘기다. 골프가 정직하다는 건 단순히 육체적 연습만을 가리키는 것이 아니다. 노력한 골퍼와 게으른 골퍼는 멘탈 면에서도 다른 결과물을 낸다.

그래서 ‘노력하려는’ 주말골퍼에게 도움이 될 만한 팁이 없을까 고민하다 20년 가까이 골프기자를 하면서 보고 듣고 느낀 경험을 단시간 내에 공유할 수 있는 책을 써야겠다는 생각에 다다르게 되었다.

이 책에는 골프의 모든 것이 망라되어 있다. 유명 프로골퍼들과 만나면서 들었던 중요한 원포인트 레슨은 물론 멘탈을 늘리기 위해서 필요한 것도 있다. 꼭 알아야 할 골프룰과 골프용품에 관한 것, 그리고 재미있는 골프 이야기도 곁들였다.

제목에 대한 생각도 많았다. 원래 ‘골프가 쉬워졌어요’란 제목을 달고 싶었다. 이 책을 읽다 보면 어느 순간 골프가 친근해지고, 흐릿하던 골프의 본 모습이 손에 잡힐 것 같다고 판단했기 때문이다. 하지만 고민 끝에 ‘주말골퍼, 똑바로 멀리 치기!’로 바꾼 것에는 나름의 이유가 있다. 똑바로 멀리 치기는 모든 주말 골퍼의 꿈이자, 가까이 가면 멀어지는 신기루 같은 것이다. 결국 골프는 끝없이 꿈을 좇는 스포츠인 것이다. 그래서 골프는 흥미롭고 또 가슴이 뛴다. 이 책에 들어가는 사진을 기꺼이 허락한 강욱순, 양용은, 김대섭, 유소연 선수와 소속사에게도 감사의 말을 전한다.

이 책 말미에 쓴 내용으로 글을 맺고자 한다.

'오늘 이 라운드는 내 남은 라운드 중 첫 라운드이고, 어제 죽어간 어떤 사람이 그토록 하고 싶어 했던 라운드가 아니겠는가. 골프에 미쳐 1년에 100번 라운드를 한다고 해도 골프 구력 40년인 노골퍼도 고작 4,000라운드 밖에 채우지 못하는 것이 바로 골프 인생이다. 항상 감사하며 살아야 하는 것은 삶의 지혜이자 골프의 지혜이기도 하다.'

PART 01

몸 쓰는 골프는 NO,
머리 쓰는 골프는 YES!

Chapter 01

고들개 VS 대박천

○ '고들개'의 전설을 아는가

　헤드업 때문에 고민하는 초보 골퍼 A에게 '고들개'의 전설을 얘기해준 적이 있다. 고들개의 전설(?)은 이렇다. 한 유명인사가 자신의 골프화 앞에 '고들개'라고 적어 놓고는 "고들개, 고들개" 중얼 거리면서 샷을 하고는 했다. 그 모습을 본 누군가가 그 이유가 너무 궁금해 왜 그런 행동을 하느냐고 물었다. 그랬더니 대답 왈, 골프화 앞을 보면서 "고개 들면 개다, 고개 들면 개다"라고 혼잣말을 하며 샷을 하면 공도 끝까지 볼 수 있고 헤드업을 방지할 수 있다는 것이다.

　초보 골퍼 A는 아주 의미심장한 얼굴을 하면서 그걸 들었다. 며칠 후 다시 A와 골프를 하는데, 그가 샷을 할 때마다 "대박천, 대박천" 하는 게 아닌가.

그런데 '고들개'가 '대박천'으로 바뀐 이유가 기가 막히다. "글쎄, 고들개 고들개 하면서 샷을 했는데도 헤드업을 계속 하는 거에요. 그래서 왜 그럴까 곰곰이 생각해봤죠. 고들개가 너무 수동적이라, 그리고 나 자신을 스스로 깔아뭉개는 것 같기도 하고요. 제가 왜 개가 되어야 해요? 그래서 이런 뜻으로 바꿨죠. '대가리 박고 천천히'로. 능동적이기도 하고 너무 빠른 스윙을 예방할 수도 있으니 일석이조 아니겠어요." 고들개가 대박천으로 진화한 사연이다.

사실 고들개와 대박천은 모두 사전에 있는 말이다. 고들개는 '마소의 가슴걸이에 다는 방울'이란 뜻이고, 대박천은 충청남도 청양군 칠갑산 자락에서 발원해 동쪽 방향으로 흘러 치성천으로 합류하는 하천 이름이다.

어쨌든 고들개의 조언은 주말골퍼 A의 헤드업을 없애는 데 혁혁한 공로를 한 셈이다. 골프 역사상 주말골퍼들이 가장 효과를 본 골프 조언에는 어떤 것이 있을까? 무턱 대고 연습만 말고 '목표를 정해 연습하라'는 것도 그 중 하나일 것이다. 연습장에 간 골퍼 대부분은 아무 의미 없이 무조건 거리를 내려고 골프채를 휘두른다. 특정한 타깃도 없다. 공이 멀리 날아가기만 하면 그만이다.

하지만 매치플레이든 스트로크플레이든 실전 골프에는 연습장에서와 달리 심한 압박을 받게 된다. 공이 놓인 상태도 천차만별이다. 그럼 연습장에서 했던 샷은 정작 아무 효과도 발휘하지 못하게 된다. 그래서 골프연습을 할 때는 타깃을 만들고, 스스로 압박감을 만든 상태에서 연습하는 게 중요하다. 그것이 연습장에서만 샷이 잘 맞는 '연습장 프로'를 벗어나는 길이다.

'절대 조급해서는 안 된다'는 조언도 훌륭하다. 티업 시간에 맞춰 와서 헐레벌떡 옷을 갈아입고 티잉 그라운드로 향하는 골퍼의 성적은 늘 좋지 않다. 1번 홀 티잉 그라운드에서 몇 번 드라이버를 휘둔 다음 샷을 해봤자 원하는 방향으로, 원하는 거리만큼 나가지 않는다.

15번째 골프 클럽은 두뇌

일찍 와서 퍼팅도 해보고 칩샷, 드라이버샷도 하면서 몸을 워밍업을 해야 샷에 자신감도 붙고 성적도 좋게 나온다. '자신의 샷에 순응하라'는 조언 역시 많은 주말골퍼가 받아들여 효과를 본 것이다.

대부분의 골퍼는 자신의 구질이 따로 있기 마련이다. 공이 똑바로 나가는 스트레이트형 골퍼가 있는가 하면 드로 구질도 있고 페이드 구질도 있다.

하지만 매일 자신의 구질대로 공이 맞지는 않는다. 페이드 구질의 골퍼가 샷만 하면 왼쪽으로 휘는 날이 있기도 한다. 이때 자신의 샷에 순응하는 것이 좋다. 왼쪽으로 휜다면 타깃보다 오른쪽을 보고 샷을 하면 그만이다. 괜히 그 자리에서 고치려고 무리할 필요가 없다.

골프는 순리에 역행해서는 원하는 스코어가 나오지 않는다. '짧은 퍼팅 연습에 시간을 많이 할애하라'는 말도 있다. 아무리 멋진 장타를 치더라도 짧은 퍼팅을 놓치면 그 장타는 빛을 바랜다. 드라이브샷을 실수하더라도 충분히 다른 샷으로 만회할 수 있지만 짧은 퍼팅 실수는 곧바로 스코어로 연결된다. 다른 어떤 것보다 의미 있는 최고의 조언은 '골프는 기술이 아니라 머리싸움'이라는 것일 게다.

골프는 14개의 클럽으로 코스를 요리하는 게임이다. 14개 클럽을 적극적으로 활용해야 원하는 성적을 낼 수 있다. 하지만 가장 획기적으로 스코어를 줄일 수 있는 것은 15번 째 클럽에 있다. 그것은 다름 아닌 머리(두뇌)다. 머릿속에서 전략을 짜고 머릿속에서 코스를 공략할 줄 알아야 한다. 스윙도 머리(두뇌) 에서 나온다. 머리(두뇌)야말로 압박감 아래서 골퍼의 감정을 조절할 수 있는 최고의 비밀병기인 것이다.

누군가 골프는 90%가 두뇌게임이고, 나머지 10%도 두뇌게임이라고 했다. 아무리 멋진 스윙을 갖고 있다고 해도 머리를 쓰는 골퍼를 이기기 힘들다. 아마 초보 골퍼 A도 '고들개'의 조언을 통해 이미 '머리' 쓰는 골프를 터득했는지도 모른다.

Chapter 02

백스윙의 심리적 무게

○ 백스윙의 심리적 무게

'백스윙에도 무게가 있다'고 하면 '무슨 바보 같은 소리를 하느냐'고 할지 모르겠다. 팔의 무게나 골프채의 무게는 동일한데, 더 무겁고 덜 무겁고의 차이가 있을 수 없기 때문이다. 물론 이론적으로 볼 때 백스윙의 무게는 다를 수 없다. 하지만 심리적인 백스윙 무게는 분명 차이가 있다.

경험상으로도 이런 느낌을 받아 본 골퍼가 꽤 있을 것이다. 어떤 때는 백스윙을 했던 골프채가 아주 가볍게 임팩트로 이동하는 것을 느낄 때가 있다. 하지만 또 한편으로는 천근만근 무겁게 느껴져 임팩트로 가져가기 힘들 때도 있다. 그게 바로 백스윙의 심리적 무게다.

골프 배운 지 10년 동안 단 한 번도 싱글 핸디캡 스코어를 내

긴장감이 클수록 백스윙의 심리적 무게도 커진다.

지 못한 A. 흔히 얘기하는 '그 날'이 왔다. 평소 한두 번씩 나오던 OB 한방 없고 치는 족족 공은 핀에 갖다 붙는다. 빗맞은 샷도 그날은 '나이스 미스 샷'이다. 이제 마지막 홀에서만 더블보기 이하로 스코어를 내면 꿈에 그리던 싱글 스코어를 낼 상황이다.

그런데 웬걸! 백스윙을 하던 A가 드라이버를 절반도 채 올리지 않더니 잽싸게 다운스윙을 하는 게 아닌가. 저런 것을 두고 콩 볶아 먹는다고 하는 건가. 덜 나가서 다행이지, 하마터면 첫 OB가 마지막 홀 티샷에서 나올 뻔했다. 겨우 보기로 막은 A는 첫 싱글을 기록했지만 "내 평생 그렇게 드라이버가 무거워 본 적이 없었다."고 놀란 가슴을 쓸어내린다.

대체로 편안한 라운드를 할 때 백스윙은 가볍고 큰돈이 걸린 내기를 할 때 백스윙은 뭔가 짊어진 듯 무겁다. 그 무게의 정체는 아마도 긴장감일 것이다. 그래서 그 긴장감을 압박감이라고도 한다. 긴장할 때 백스윙을 하면 온갖 생각이 머리를 꽉 채운다. 반대로 편안한 상태에서 스윙을 하면 물 흐르듯 부드러운 백스윙을 가져갈 수 있다. 자 이제, 어떻게 그 무게를 뺄 것인가? 이게 긴장감 속에서 스윙을 할 때 샷의 성공 확률을 결정하는 키포인트라고 할 수 있다.

긴장감이 올 때 가장 중요한 해결책은 평소대로 프리샷 루틴(샷을 하기 전 일련의 행동)을 가져가는 것이다. 그래서 급해지는 문제점을 해결할 수 있다. 어깨 힘을 최대한 빼는 노력도 필요하다. 그립은 가볍게 잡는다. 잠시 숨 호흡을 하는 것도 좋다.

백스윙은 줄어들고 있다

최근 백스윙을 줄이는 골퍼가 많다. 한때 존 댈리, 김미현, 요코미네 사쿠라처럼 오버스윙을 하는 골퍼가 많았지만 지금은 간결하고 짧은 백스윙이 대세다. 긴장감이 왔을 때 심리적 백스윙의 무게도 줄일 수 있기 때문이다.

좀 오래된 얘기지만 2006년 미국프로골프(PGA)투어 대회에서 백스윙을 거의 하지 않고 샷을 치고도 준우승을 차지한 선수가 있다.

주인공은 뷰익 챔피언십 때 손을 다쳐 백스윙을 거의 할 수 없었던 라이언 무어다. 당시 무어는 백스윙을 거의 하지 않고 임팩트와 팔로우 스루만으로 스윙을 했다. 결과는 그해 최고 성적이었다. 반면 무어는 2007년 온전한 스윙을 하고도 상금랭킹 하위권을 벗어나지 못했다.

백스윙의 불필요성을 설파한 연구도 있다. 미국의 매사추세츠기술협회의 한 회의에서 골프 코치 T.J. 토마시는 "백스윙 톱에서 클럽을 멈춘 상태에서 스윙을 시작하면 골퍼들이 더 좋은 성적을 낼 것"이라고 주장한 적이 있다. 또 세계적인 골프교습가인 데이비드 레드베터는 2002년 야구선수처럼 골프채를 들고 있다가 몸통만 더 틀어 백스윙을 완성한 뒤 그대로 내려오면서 스윙을 하면 더 좋은 결과를 얻을 수 있다고 주장한 적이 있다. 당시만 해도 '미래의 스윙'이라고 제안했지만 10년이 지난 지금도 그런 스윙을 하는 골퍼가 없는 것을 보면 온전한 이론이 되기에는 무리가 있었던 것 같다.

　하지만 분명한 것은 백스윙이 점점 간결해지고 있다는 사실이다. 물론 팔만 들어서 하는 백스윙을 하라는 것은 아니다. 어깨를 충분히 회전하는 백스윙을 하면서도 충분히 그 크기를 줄일 수 있다. 아무튼 확실한 것은 백스윙의 크기를 줄이면 심리적인 백스윙의 무게도 줄일 수 있다는 것이다.

Chapter 03

골프 전날 하지 말아야 할 것들

○ 징크스, 징크스, 징크스!

프로골퍼 중에도 대회 전날 반드시 하지 않는 자신만의 금기 사항을 갖고 있는 이들이 꽤 있다. 이를테면 달걀을 먹지 않는다든가, 밥을 사지 않는다든가, 심지어 담배 같은 소소한 것 하나도 빌려주지 않는 습관 등이다. 깨지거나 빼앗기지 않겠다는 일종의 각오인 셈이다. 수험생이 시험 전날 미역국을 먹지 않는 것과 비슷한 얘기라 할 수 있다. 주말골퍼들의 세계로 오면 바나나나 OB맥주를 먹지 않는 것으로 연결된다.

이 습관들은 정신적인 문제, 일종의 징크스와 연관되는 것들이다. 하지만 진짜로 골프 전날 하지 말아야 할 육체적이고 과학적인(?) 것들도 상당히 많다. 골프 전날 일부러 과격한 운동을 할 골퍼는 거의 없겠지만 가벼운 운동 중에서도 하지 말아야 할 게 있다.

볼링이 대표적이다. 볼링을 해본 이라면 공을 힘차게 던져야 하는 것이 한쪽 팔에 상당히 무리가 간다는 사실을 알 것이다. 골프 스윙은 양 팔을 적절히 조화시켜 가며 해야 한다. 따라서 볼링을 친 다음 날, 한 팔에만 신경 쓰다 보면 제대로 된 샷을 할 수 없다.

뒤땅이 자주 난다면 그건 십중팔구 전날 한 팔을 무리하게 사용했기 때문일 것이다. 아마 한 쪽 팔이 늘어나 두 팔의 길이가 다를지 모르겠다. 야구를 하더라도 타자는 괜찮지만 투수는 스윙에 도움이 되지 않는다.

징크스, 과연 있는가?!

레저(?) 중에서는 고스톱이 골프 전날 하지 말아야 할 것 중에 포함된다. 이치는 볼링과 비슷하다. 한 팔로만 힘차게 두드리다 보면 다음 날 스윙에 무리가 갈 게 뻔하다. 인터넷에 떠도는 골프 전날 하지 말아야 할 3가지 금기사항이 있다. '연습하지 말 것, 음주하지 말 것, 해저드에 빠지지 말 것'이다. 사실 이 세 가지는 찬반이 갈리는 금기사항이다. 먼저 연습을 보자.

연습이 일상화된 골퍼라면 라운드 전날 가벼운 연습은 분명 다음 날의 타수를 줄이는 데 도움이 될 것이다. 하지만 평소 연습장 한번 찾지 않던 골퍼가 다음 날 중요한 일전이 있다고 해서 무리하게 연습했다가는 괜히 실망만 커질 수 있다.

음주도 마찬가지다. 성격이 예민한 골퍼라면 적당한 음주가 긴장을 풀어줘 오히려 도움이 될 수 있다. 물론 과하면 절대 도움이 되지 않겠지만. 2011년 브리티시오픈에서 '19전 20기'로 첫 메이저대회 우승을 차지한 대런 클라크는 3라운드를 끝내고 가볍게 한잔했다고 한다. 워낙 술을 좋아하기도 하지만 클라크에게 중요한 일전이 있다고 해서 평소와 다르게 행동(금주)하는 것이야말로 별 도움이 되지 않을 것이라고 생각했던 것 같다.

물론 정반대의 경우도 있었다. 국내 남자골프 최다승(43승) 보유자인 최상호는 1977년 여주오픈에서 우승하기 전날 지독히 술을 많이 마셨다. 짓궂은 선배들에게 끌려 나가 만취가 되도록 술을 마셨다는 것이다. 하지만 마지막 날 한장상, 김승학 등 당대 최고 선수들과 같은 조로 우승 경쟁을 하면서도 술기운

덕인지 대범한 경기를 펼쳐 생애 첫 승을 차지했다. 그러나 과음을 하면 몇 홀은 술기운에 잘 될지도 모르지만 홀을 거듭할수록 체력과 집중력이 떨어져, 결국 퍼팅의 예민한 터치감과 거리감각이 흐트러질 수밖에 없다.

아마 3가지 금기사항 중 가장 찬반이 팽팽하게 붙을 게 마지막에 거론한 '해저드에 빠지지 말 것'이다. 여기서 해저드는 여자의 가장 깊은 그곳을 얘기하는 모양이다. 남녀 간의 사랑을 두고 빗댄 은유적 표현인 것이다.

도움이 된다고 주장하는 쪽은 "라운드 전날 아내와의 사랑은 골프 당일 긴장을 푸는 데 톡톡한 효과를 낸다"고 말한다. 정신적으로나 육체적으로나 긴장을 이완시켜주는 작용을 한다는 주장이다. 반대로 해를 끼친다는 쪽은 "괜히 다리 힘만 풀리게 해서 견고한 스윙을 하지 못하게 한다"고 목소리 높인다. 풀리는 게 긴장이냐, 다리 힘이냐에 따라 의견이 완전히 달라지는 셈이다.

사실 골프 전날 하는 '연습, 음주, 사랑'은 선택의 문제가 아니다. 되려 그것이 '적당하냐, 과하냐' 하는 양의 문제다. '과유불급(過猶不及)'이란 사자성어가 딱 들어맞는 금기사항인 것이다.

Chapter 04

스트레스 받지 않는 골프 5계명

그린 위의 악동, 그에게도 이유는 있다

프로골프의 세계에는 다혈질 골퍼들이 꽤 많다. 온갖 기행으로 '그린의 악동'으로 불리는 존 댈리. 불처럼 강한 성질 때문에 '볼케이노(화산)'란 별명을 얻었던 스티브 페이트, 참을성이 너무 없어 '선더(thunder) 볼트'라는 닉네임이 붙은 토미 볼트도 있다. 젊었을 때 샷이 안 맞으면 자주 클럽을 내동댕이쳤던 타이거 우즈도 다혈질 골퍼 중 한 명이다.

이들은 이런 행동에 대해 스스로 정당성을 부여한다. '스트레스를 푼다'는 것이다. 이런 식으로라도 스트레스를 풀지 않으면 샷에 악영향을 미친다는 것이 이들의 변명이다. 주말골퍼들도 라운드를 하다 보면 스트레스를 받을 때가 있다. 그렇다고 댈리나 볼트처럼 과격한 방법으로 스트레스를 풀 수는 없는 법이다.

스트레스를 받으면 샷이 잘 맞지 않고, 그러면 더 스트레스를
받는 악순환이 생긴다.

스트레스 없는 골프

어떻게 하면 스트레스 없는 골프를 할 수 있을까. 우선 실력에
맞게 코스 공략을 해야 한다. 왕년의 '골프 황제' 잭 니클라우스
가 한국을 방문했을 때 '어떻게 하면 골프를 잘 할 수 있는가'를
물었더니 '자신에 맞게 코스 공략을 하라'고 충고한 적이 있다.

초보 골퍼가 위험이나 함정을 무시하고 시도 때도 없이 무모
한 샷을 날린다면 평소보다 10타쯤은 훨씬 넘게 칠 것이 분명
하다. 그러자니 쌓이는 것은 스트레스뿐이다. 실력에 맞지 않는
코스 공략은 스코어만 나쁘게 할 뿐 아니라 스트레스까지 주는
주범이다.

둘째, 자신과 싸우지 말아야 한다. 골프는 흔히 '자신과의 싸
움'이라고 한다. 하지만 동료의 스코어를 의식하지 말고 자신의
샷에만 전념하라는 의미지, 진짜 자신과 싸우라는 얘기는 아니
다. 자기 자신뿐 아니라 바람과 맞서지 말고, 코스와 맞서지 말

고, 캐디와 맞서지 말아야 즐거운 스포츠가 골프다.

물론 골프를 하다 보면 욕심이 생길 때가 있다. 성공할 확률은 20%도 안 되는 데도 불구하고 그 가능성에 도전하고 싶어진다. 자신과의 싸움이라는 의미는 이렇게 '원래의 나'를 벗어나려고 하는 나를 다스리는 것이다. 자신과 싸우지 말라는 것은 욕심을 버리라는 것과 같은 말이다.

셋째, 긍정적인 마인드를 가져야 한다. 골프를 하다 보면 지독하게 운이 나쁜 날이 있다. 잘 맞은 샷은 디봇 자국을 찾아다니고, 퍼팅한 공은 홀을 한 바퀴 돌고 나오기 일쑤다. 이런 상황에서도 속이 부글부글 끓지 않는다면 보통 사람이 아닐 것이다. 하지만 어쩔 것인가. 스스로 '머피의 법칙'에 빠진다면 상황만 더욱 악화될 뿐이다. 그리고 이런 날이 얼마나 자주 찾아오겠는가.

골프는 멘탈 게임이라고 한다. 부정적인 생각을 가지면 분명 샷에 좋지 않은 영향을 미친다. "코스가 내게 행운을 가져다 줄 것 같은 기분이 들어서 대회 도중에도 쓰레기나 담배꽁초를 줍는다"는 프로골퍼 김비오의 말을 곰곰이 생각해보라. 긍정적인 마인드는 스트레스를 없애줄 뿐 아니라 샷에도 좋은 영향을 미친다.

긍정적인 마인드는 스트레스를 없애줄 뿐 아니라 샷에도 좋은 영향을 미친다.

상대의 심리전에 말리지 말아야 하는 게 그 네 번째다. 당신은
어떨 때 가장 스트레스를 받는가. 운이 없거나 내 샷이 나쁠 때
분명 스트레스를 받는다. 하지만 상대가 나를 얕잡아 보거나,

놀릴 때보다는 덜 할 것이다. 구찌는 그래서 나온 심리전의 한 수단이다.

이럴 때가 있다. 분명 비슷한 거리인데도, 다른 동료에게는 기브(일명 오케이)를 주고 내게는 홀아웃 하라고 할 때다. '불공평하다'며 공을 집을 수도 없는 일이다. 화가 머리끝까지 오른 상태에서는 짧은 퍼팅도 실패할 때가 많다.

상황이 이쯤 되면 심리전에 말린 것이다. 오히려 이런 상황일수록 집중해서 샷을 하거나 퍼팅을 해야 상대의 심리전에 말리지 않는 방법이다. 그리고 정말 마음에 맞지 않는 골퍼는 피하는 것이 상책이다.

마지막으로 골프 내기는 적당하게 하는 게 좋다. 내기는 골프에서 약방의 감초 같은 역할을 한다. 내기 없는 골프는 절대 하지 않는 골프 내기 마니아들도 있다. 내기는 약간의 흥분과 재미를 준다는 것이다. 하지만 도를 넘은 내기는 스트레스의 주범이 된다. 특히 잘 모르는 사이에서 내기 액수가 커지면 스트레스가 쌓이는 정도를 넘어 불상사를 일으킬 수도 있다. 내기를 세게 하면 아무래도 긴장도 더 커지고 그에 따라 스트레스도 많아지게 마련이다. 이때는 내기가 약방의 감초가 아니라 약방의 독이 될 수도 있다.

Chapter 05

첫 홀 스코어의 역설

첫 단추를 잘 꿰어야

초식 불길(불꽃)일까? 초식 불길(不吉)일까? 골프에서 스킨스 게임을 할 때 첫 홀 스킨을 차지한 골퍼에게 동료 누군가가 이런 화두를 던진다. 동료의 마음은 이런 것일 게다. 초반 좋은 분위기가 불꽃을 일으키며 끝까지 가지 않을 것이라는 것. 초반 먹은(食) 스킨이 오히려 불길한 징조가 되어 화를 일으킬 것이라는 말이다. 반대로 첫 스킨을 차지한 골퍼는 그게 불길(이때 발음은 '불낄'이라고 해야 함)을 일으켜 승승장구할 것이라고 자기최면을 건다.

시작이 좋아야 끝도 좋다는 말이 있다. 첫 단추를 잘 꿰어야 한다는 말도 같은 뜻이다. 하지만 골프에서는 첫 '끝 발'이 전체 분위기를 망칠 때가 많다. '첫 끝 발이 X끝 발'은 '노름의 절대 금언’으로 통한다.

2013년 마스터스에서 최경주는 1라운드 1번 홀(파4)에서 보기를 범했다. 경기 후 그의 말이 진짜 걸작이다. "첫 홀 보기는 살림 밑천이라고 하잖아요. 캐디도 마스터스 첫 홀은 보기를 해야 한다고 하더라고요." 물론 반대 사례도 있다. 2011년 마스터스에서 레티프 구센은 1라운드 1번 홀에서 이글을 잡으며 기세등등했다. 2번 홀 파에 이어, 3번과 4번 홀에서도 버디를 잡았다. 파죽지세였던 그의 성적은 과연 어떻게 됐을까?

결과는 컷 통과 실패였다. 아마도 초반 너무 잘 나갔던 것이 그의 발목을 잡았을지 모른다. 주말골퍼의 세계에서는 이런 일이 왕왕 일어난다. 주말골퍼에게 첫 홀은 상당히 부담스럽다. 잔뜩 긴장된 마음은 물론 몸도 뻣뻣해 있어 파를 잡기가 쉽지 않다. 드라이버샷이 OB가 나지 않으면 다행이다. 첫 홀 목표를 보기로 잡는 주말골퍼가 상당히 많다. 그래서 '올보기'나 '올파만파' 같은 주말골퍼다운 '규칙'이 적용되기도 한다. 양파(더블파)를 했는데, 스코어 카드에 보기나 파가 적히면 더욱 다음 홀에서는 잘 쳐봐야지 하는 의욕이 생기고는 한다.

국내 프로골프대회 최다 우승자인 최상호는 "일단 두려움을 버려야 한다"고 조언한다. OB(Out of Bounds)가 나면 어떻게 하지? 여럿이 보는데 생크라도 나면 망신을 당할 텐데? 이런 두려움을 떨쳐내지 못하면 몸이 굳어져 좋은 샷을 할 수 없다는 것이다.

이런 이유로 첫 티샷 때 특히 프리샷 루틴(샷 전 일련의 행동)이 중요하다. 자신만의 프리샷 루틴을 갖는 것은 긴장감을 없애는 가장 훌륭한 방법이다. 첫 티샷 때 공을 끝까지 본 적이 있는가? 이런 질문에 '예스'라고 말할 수 있는 주말골퍼는 별로 없다. 잔뜩 긴장하고 번개 치듯 급하게 스윙을 하니 공이 보일 리 없다.

단신에도 불구하고 장타를 구사하는 박노석은 "스윙은 천천히, 눈은 끝까지 공에서 떼지 않는 것이 첫 티샷을 잘하는 요령"이라고 말한 적이 있다. 이번에는 구질에 따른 티샷 방법이다. 주로 훅이나 드로가 난다면 왼쪽에서 티업을 해 오른쪽을 겨냥한다. 슬라이스나 페이드 구질의 주말골퍼라면 반대로 오른쪽에서 왼쪽을 공략한다. 페어웨이를 넓게 쓸 수 있어 위험이 줄어든다.

하지만 반대로 파나 버디를 했을 때 주말골퍼의 심정은 어떨까? 첫 번째 마음은 이런 것이다. "샷 감 좋은 데, 오늘 한번 생애 베스트 스코어에 도전해볼까?", "그래 그동안 내 돈 많이 따 먹었지. 오늘 제대로 한번 복수해줘야지." 이런 마음이 드는 순간, 그때부터 샷은 내 마음 먹은 대로 되지 않는다. 샷에 욕심이 잔뜩 들어가기 때문이다.

욕심뿐 아니라 방심이라는 불청객이 찾아오기도 한다. 호주머니에 돈이 두둑하게 들어갔으니 조금 봐줘도 괜찮겠지 하는 마음이 가슴 속을 파고드는 것이다. 버디를 해서 상대에게서 '버디 값'이라도 받았다면 분위기를 썰렁하게 한 죄(?) 때문에 살짝 미안한 마음까지 생긴다.

반대로 첫 홀에서 더블보기나 트리플보기를 했을 때는 마음이 완전히 달라진다. 일단 긴장이라는 '놈'이 사라진다. 게다가 분위기를 반전시켜보겠다는 의욕이 가슴 속 깊이 들어온다. 내 나쁜 성적은 오히려 상대를 방심하게 하는 무기가 되기도 한다. 초면이라면 상대의 골프 실력을 얕잡아보게 된다. 첫 홀 나쁜

스코어를 냈다고 짜증낼 것 없다. 그렇다고 일부러 파나 버디를
잡지 않을 수도 없는 법이다. 다만 이때는 '욕심'과 '방심'이라는
적을 조심하면 그만이다. 그래, 말해 무엇하랴! 이래도 좋고, 저
래도 좋은 게 첫 홀 스코어다.

Chapter 06

설거지의 제왕

숏 게임 잘하는 자가 롱 게임 잘하는 이를 이긴다

골프장에서 그의 애칭은 '설거지의 제왕'이다. 드라이버샷 거리가 평균 200야드 정도 밖에 되지 않고 아이언 샷도 젬병이지만 그린 근처만 가면 '훨훨' 난다. 툭하면 핀에 붙고 가끔 홀로 빨려 들어간다. 그린 근처에만 공이 가면 상대들이 바짝 긴장한다. 동료들이 "정말 설거지(숏 게임) 잘한다"며 혀를 내두를 때가 많다. 230야드 정도만 드라이버 샷을 날릴 수 있다면 매번 싱글 스코어를 낼 것 같다. 물론 주변 동료들은 장타자가 되면 숏 게임은 다시 엉망이 될 것이라고 얘기하지만 말이다.

그는 아마추어 골퍼의 전설로 불리는 보비 존스를 상당히 존경한다. 특히 존스가 한 말은 자신의 골프 좌우명으로 높이 받든다. '숏 게임 잘하는 자가 롱 게임 잘하는 자를 이기는 법이다.'

이 얼마나 훌륭한 말인가. 230야드짜리 드라이버샷도 한 타고, 20야드짜리 칩샷이나 1m 퍼팅도 모두 한 타다.

아무리 장타를 날리면 무슨 소용이 있겠는가. '3온 1퍼트'가 '2온 3퍼트'를 이기는 법이다. 가끔 '칩인'이 들어갈 때 상대가 실망하는 모습을 보는 것은 흥분되고 짜릿하다. 한 라운드에 두세 번 칩인(그게 칩인 파든지, 칩인 보기든지)을 하면 제 아무리 장타를 날리는 동료라도 흔들리기 마련이다. 동료들이 가끔씩 숏 게임 비법을 가르쳐 달라고 하지만 '타고난 감각 덕'이라고 한마디하고 만다. 그의 진짜 숏 게임 비법을 안다면 놀라는 게 아니라 놀릴 게 뻔하기 때문이다.

설거지와 숏 게임의 공통점

사실 그는 진짜 '설거지의 제왕'이다. 애처가인 그는 집에서 설거지를 도맡아 한다. 설거지 실력(?)이 아내를 압도할 정도다. 오죽하면 어린 아들이 설거지는 남자들이 주로 하는 것이라고 알고 있을까.

그는 진짜 설거지와 골프장에서의 설거지인 숏 게임에 비슷

퍼팅이든 칩샷이든 숏 게임을 잘하려면 헤드 무게를 느낄 줄 알아야 한다.

한 점이 많다고 말한다. 일단 힘을 빼는 것이 중요하다. 퍼팅이든 칩샷이든 숏 게임을 잘하려면 헤드 무게를 느낄 줄 알아야한다. 설거지도 마찬가지다. 손에 힘을 주고는 그릇을 제대로 씻을 수가 없다. 자칫 너무 힘을 주다가는 그릇이 깨질 수도 있다. 그는 아직까지 그릇을 깨본 적이 없다. 아내도 그의 이런 업적(?)을 대단히 높게 평가한다.

그게 골프장이든, 부엌이든 설거지에는 또 섬세함이 필요하다. 진짜 설거지를 자주 하다 보면 어느새 자신도 모르게 섬세함이 몸에 붙는다. 세제를 쓸 것과 물로만 씻을 것을 구분해야하고, 물로 깨끗이 헹군 다음 그릇을 가지런하게 찬장에 놓아야한다. 마지막으로 해야 할 게 싱크대 주변을 정리하는 것이다.

그릇만 씻는 것으로 설거지가 모두 끝나는 게 아니다. 이런 요령이 아내에게 사랑 받는 설거지 비법 아닌 비법이다. 거기에다 음식물 쓰레기를 처리한다면 더 이상 좋을 게 없다. 아내들이 남편에게 가장 해줬으면 하고 바라는 게 바로 저녁에 음식물 쓰레기를 버려주는 것이란다.

골프장에서의 숏 게임도 비슷하다. 그린 경사가 어떻게 되는지 차분하게 읽을 수 있어야 하고, 어느 지점에 공을 떨어뜨려, 어느 그린 경사를 따라 얼마만큼 구르게 할지 정확히 판단해야한다. 부엌이든 골프장이든 그가 생각하는 설거지 제1 원칙은 늘 같은 힘을 줘야 한다는 것이다. 숏 게임에서 거리는 백스윙 크기로 맞춰야 한다. 절대 임팩트 세기로 숏 게임 거리를 맞추려고 해서는 안 된다.

다음은 기본적인 칩샷 요령이다. 칩샷을 할 때 기본은 일단 오픈 스탠스를 하는 것이다. 공은 오른발 쪽에 둔다. 그래야 뒤땅을 치는 확률을 줄일 수 있다. 그리고 핸드 퍼스트 자세를 취하고 부드럽게 샷을 한다. 이때 손목을 쓰면 견고한 샷을 할 수 없다. 손목 고정이 칩샷 성공 확률을 높이는 최고 팁이다. 짧은 샷일수록 어깨 힘을 빼는 것이 중요하다. 헤드 무게가 느껴지도록 가볍게 골프채를 잡고 샷을 하면 핀에 붙이는 칩샷이 가능하다.

오늘도 아내에게 '설거지 잘했다'고 칭찬을 듬뿍 받은 남편은 잠자리에서 내일 라운드를 꿈꾼다. "야! 칩인 버디다, 버디. 어때, 내 설거지 실력 죽이지?"

Chapter 07

퍼팅의 진수는 '물 퍼팅'

퍼팅, 한 수 가르쳐주십시오!

'차세대 골프 황제' 로리 매킬로이(북아일랜드)가 2011년 마스터스에서 대역전패를 당한 뒤 데이브 스톡턴(미국)을 찾았다. '퍼팅 한 수 가르쳐 달라'는 것이 그 이유였다. 한때 선수로 활약했으나 지금은 퍼팅 교습가로 더 유명세를 타고 있는 스톡턴은 대뜸 사인을 요청했다. 매킬로이는 잠시 당황하면서도 '내 사인이 필요하구나' 생각하며 사인을 해줬다. 그러자 스톡턴은 방금 했던 사인을 다시 해보라고 요구했다. 매킬로이는 의아해하면서도 최대한 신경 쓰면서 다시 사인을 했다.

그때 스톡턴은 매킬로이에게 이렇게 말했다. "퍼팅이란 마치 처음 했던 사인처럼 자연스럽게 하는 것이다. 그 느낌이 퍼팅할 때 느낌이고, 기계적인 부분은 버려야 한다." 자연스러운 '물(처럼 부드럽게 흐르는) 퍼팅'이 최고라는 것이다. 매킬로이뿐 아니라 청야니, 필 미켈슨, 애덤 스콧, 폴라 크리머, 모건 프레셀, 수잔 페테르손, J.B. 홈스, 미셸 위 등도 모두 스톡턴에게 퍼팅 한 수를 배운 '제자'들이다.

스톡턴의 퍼팅이 얼마나 대단하기에 유명 선수들이 앞 다퉈 '퍼팅 선생'으로 모시려고 하는 걸까. 어찌보면 간단하다.《무의식적 퍼팅》이라는 제목의 골프 레슨 책을 내기도 한 스톡턴이 가장 중요하게 강조하는 게 바로 '무의식적이고 자연스럽게 퍼팅하라'는 것이다.

○ 1m 퍼팅은 심리 싸움

프로골퍼들에게 심리적으로 가장 부담되는 거리는 1m 내외라고 한다. 이유는 하나다. 이 거리의 퍼팅을 실패했을 때 받는 충격이 상당히 크기 때문이다. 2m가 넘는 퍼팅이야 놓칠 수도 있다고 생각하지만 1m 내외의 퍼팅은 반드시 성공해야 한다는 부담이 생긴다.

가장 집중해야 할 이럴 때 온갖 잡생각이 들게 되고, 무의식적

인 퍼팅을 방해한다. 주말골
퍼에게도 이럴 때가 있을 것
이다. 어프로치샷을 기가 막
히게 했다, 1m도 되지 않는 파
퍼팅 기회를 남겼다. 그런데
허망하게도 그 퍼팅이 들어가
지 않았다. 그러면 그다지 기
막힌 어프로치샷을 하지 않고
도 2퍼트를 한 골퍼와 똑같은
보기를 하게 되는 것이다. 얼
마나 실망스럽겠는가.

　무의식적인 퍼팅을 강조한
다고 하지만 그렇다고 기술
적 부분이 없는 것은 아니다.
선수 시절 무려 964개 홀에서
3퍼트를 하지 않은 대기록을

프로골퍼들이 1m 내외 퍼팅에 부담을 크게
느끼는 이유는 실패했을 때 충격이 크기 때
문이다.

갖고 있는 스톡턴은 퍼팅 성공을 위해서는 처음 2~3cm에 집중
하길 권고한다.

스톡턴은 꺾이는 지점이라든지, 홀 왼쪽 끝, 아니면 컵 2개 정도 오른쪽 방향 등 일반 아마추어들이 사용하는 식으로 타깃을 설정하지 않는다. 대신 볼에서 2~3cm의 한 지점을 정한 뒤 공이나 퍼터 헤드를 그쪽으로 보내려고 할 뿐이다. 스트로크는 망치로 때리듯 하지 말고, 붓으로 선을 긋는 듯 부드럽게 하라는 것도 스톡턴의 가르침이다. 목수보다는 화가가 되라는 것이다. 목수가 되면 퍼터 페이스가 틀어져 볼이 오른쪽으로 가는 수가 많다고 지적한다.

스톡턴의 퍼팅 방식에 따르면 눈은 공 바로 위에 둔다. 일반적으로 주말골퍼에게 코에서 다른 공을 떨어뜨려 보라고 했을 때 공은 대부분 밑에 있는 공 뒤쪽이나 몸과 공 사이에 떨어진다. 공을 너무 왼쪽에 두거나 공과 너무 멀리 떨어져 선 것이다. 하지만 스톡턴은 공이 눈 바로 밑에 위치해야 정확한 퍼팅을 할 수 있다고 주장한다.

오픈스탠스도 다른 교습가와 차별되는 스톡턴의 방식이다. '칼날 퍼팅'으로 이름을 날린 최상호도 즐겨 했던 오픈스탠스는 퍼팅 라인을 따라 공을 태워 주는 데 유리하다. 또 스톡턴은 그린을 읽을 때는 낮은 쪽에서 봐야 하고, 퍼팅 라인을 3등분해 공

이 느려지는 가장 마지막 3분의 1에 집중해야 한다고 했다. 스
톡턴은 또 프로사이드 쪽(위쪽)으로 퍼팅하는 게 유리하다고 봤
다. 경사가 있을 경우 공이 홀에 들어가는 '문'은 아래쪽이 아니
라 위쪽에 있다는 것이다.

이 밖에 '너무 오랫동안 몰입하지 마라', '라인보다 스피드를
더 많이 생각하라', '넣을 수 있다는 자신감을 가져라', '스트로크
직전엔 무념 상태를 유지하라', '좋지 않은 그린 상태는 잊어라'
는 등의 한 수를 던졌다.

Chapter 08

티잉 그라운드를 얕보지 마라

티잉 그라운드에 2~3타가 숨어 있다

골프장 티잉 그라운드는 그다지 친절하지 않다. 티마크가 페어웨이 쪽으로 가지런하게 놓여 있으면 티샷 방향 잡기에 별로 부담스럽지 않을 텐데, 그런 곳이 그리 많지 않다. GS칼텍스 매경오픈이 열리는 경기도 성남 남서울 골프장 12번 홀(파 4)은 그런 곳 중 하나다. 전장은 짧아 누구라도 '버디 기회'를 잡을 수 있는 홀이다. 동시에 어드레스를 제대로 서지 못하면 공이 왼쪽으로 잘 말린다.

프로골퍼들이야 뒤에서 캐디가 정확히 잘 섰는지 확인해주지만 주말골퍼가 어디 그러랴? 스스로 알아서 해야 한다. 이럴 때 좋은 방법이 있다. 일단 골프티를 꽂고 공을 올려놓는다. 골프채 헤드가 페어웨이를 가리키게 땅 바닥에 놓은 뒤 어드레스를

취한다. 그런 다음 골프채를 들고 티샷을 한다.

어떤 이는 이렇게 생각할지 모르겠다. "골프 참 어렵게 친다"고 말이다. 하지만 티잉 그라운드를 잘못 사용할 경우 타수 두세 타 쯤 쉽게 잃는다는 사실을 안다면 좀 수고스럽더라도 방향 잡기 어려운 곳에서는 이런 프리 샷 루틴도 해볼 만하다. 가끔씩 프로골프대회를 보면 공은 티마크 안쪽에 티업 하더라도 양발은 티마크 밖에 위치해서 샷을 하는 모습을 보게 된다. 프로골퍼들은 자신의 구질에 따라서, 그리고 함정의 방향에 따라서 이런 극단적인 위치에서 티샷을 하기도 한다.

티샷을 할 때 가장 기본은 함정을 피해 샷을 하는 것이다. 오른쪽에 해저드나 OB 구역이 있다면 티잉 그라운드 오른쪽에서 페어웨이 왼쪽을 향해 티샷을 하는 것이 타수를 잃어버리지 않는 방법이다.

티업의 위치를 현명하게 택하라

구질에 따라서도 티업 위치를 달리해야 한다. 슬라이스 구질이라면 티잉 그라운드 오른쪽에 티를 꽂고 왼쪽으로 샷을 하는 게 좋다. 훅 구질의 골퍼는 왼쪽에서 오른쪽으로 샷을 하면 실패 확률을 줄일 수 있다.

티를 꽂을 때도 평평한 곳을 찾아내 그 곳에 티업을 하는 게 현명하다. 이때 중요한 것은 티 꽂을 자리보다는 스탠스를 취할 곳이 평평해야 한다는 것이다. 슬라이스 홀에서는 더욱 티샷을 할 때 여러 가지를 신경 써야 한다. 슬라이스 홀은 대부분 티잉 그라운드가 페어웨이 오른쪽을 향해 있다. 티마크만 오른쪽으로 향해 놓더라도 슬라이스 홀로 변하기도 한다.

이런 홀에서는 골퍼 대부분이 자신도 모르게 스탠스가 잘못된 방향으로 서게 된다. 그리고 페어웨이 중간을 보고 스윙하게 된다. 그 결과 아웃사이드–인 스윙이 되고 공은 사이드 스핀이 걸려 슬라이스가 난다. 슬라이스를 내지 않으려면 티잉 그라운드 내에 작은 목표를 설정하고, 그것을 향해 스탠스를 취하는 것이 한 방법이다.

다른 유형의 슬라이스 홀도 있다. 티잉 그라운드가 미세하지만 기울어져 있어 발끝 내리막이 형성될 때다. 슬라이스 홀에서는 방향을 제대로 서는 것이 가장 중요하고 티잉 그라운드 오른쪽에서 왼쪽으로 티샷을 하면 위험을 줄일 수 있다. 파3홀 티잉 그라운드를 쓰는 법도 알아야 한다.

일반적으로 파3홀에서 2~3야드 정도는 무시하는 경향이 있다. 하지만 2~3야드는 퍼팅에서 충분히 1타 차이가 나는 거리다. 이제 티샷을 하는 요령을 보자. 7번 아이언 거리가 150야드인 골퍼가 있다. 147야드짜리 파3홀에서 7번 아이언으로 티샷을 한다면 이론상 공은 핀보다 3야드 더 지난 곳에 멈추게 된다. 하지만 3야드 정도 뒤쪽에서 티샷을 한다면 정확히 핀까지 공을 보낼 수 있다.

골프 규칙에는 가로로는 티마크 사이, 후방으로는 2클럽 길이 이내에 이르는 사각형 안에서 티를 자유롭게 꽂도록 하고 있다. 이 구역을 적극적으로 활용하느냐에 따라 스코어 차이가 난다.

Chapter 09

머리 쓰는 **장타의 법칙 10가지**

　'임팩트 직전까지 코킹을 풀지 말아라', '어깨 회전을 충분히 하라', '백스윙 때 엉덩이를 최대한 버텨라', '다운스윙 때 오른 팔꿈치를 몸에 붙여라', '스탠스를 넓게 서라' 등등. 골퍼라면 누구나 한번쯤은 들어 본, 장타를 치기 위한 골프 팁일 것이다. 이 중 틀린 것은 하나도 없다. 다만 주말골퍼의 몸으로 따라 하기 힘들다는 것을 제외한다면 말이다. 사실 주말골퍼에게 도움이 될 만한 장타의 법칙은 따라 하기 쉬우면서도, 익히 알고 있는 게 꽤 많다.

1. 장타를 치려면 정타하라

　주말골퍼가 거리 손실을 보는 가장 큰 원인은 공을 헤드 중앙에 정확히 맞추지 못하는 데 있다. 아무리 골프용품 업체가 신기술을 적용해 스위트 스폿을 넓힌다고 해도, 그 차이만 줄여줄 뿐 헤드 중앙에 정확히 맞지 않았을 때는 거리 손실이 발생하기 마련이다. 주말골퍼가 장타를 치기 위해서는 우선 빗맞은 데서 나오는 거리 손실을 줄여야 한다. 재미교포 장타자 앤서니 김이 골프채 그립을 2cm 줄여 잡는 이유 역시 공을 정확히 맞춰 멀리 보내기 위해서다.

2. 힘보다 유연성을 키워라

주말골퍼는 장타와 힘을 같은 개념으로 본다. 물론 틀린 말은 아니다. 평균적으로 힘 센 골퍼가 약한 골퍼보다 공을 멀리 보내는 것이 당연하다. 하지만 같은 시간이라면 힘을 키우는 것보다 유연성을 기르는 데 쓰는 쪽이 훨씬 효율적이다. 유연성이 없는 사람들은 작은 근육을 이용하는 스윙을 하는 반면, 유연한 골퍼들은 큰 근육을 이용해 장타를 때릴 수 있다. 유연성을 늘리는 가장 효과적인 방법은 스트레칭이다.

3. 그립 · 팔 · 어깨 모두 힘을 빼라

골프를 하다 보면 힘을 빼라는 얘기를 많이 듣는다. 하지만 초보자들은 힘을 빼는 게 정확히 어떤 느낌인지 잘 알지 못한다.

그래서 힘 빼는 데만 10년이 걸린다는 얘기도 있다. 힘을 뺀 스윙을 하는 순간 비로소 골프 스윙이 어떤 것인지 알게 된다. 그리고 그때 장타란 힘을 주는 게 아니라, 힘을 빼는 스윙에서 나온다는 것도 알게 된다.

4. 슬라이스를 내지 마라

골프를 하다 보면 공이 오른쪽으로 휘는 슬라이스는 언젠가 한번쯤 찾아와 주말골퍼를 괴롭힌다. 주로 초보 때 슬라이스라는 '골프 병'을 경험하게 된다. 슬라이스는 OB(Out of Bounds)의 주범인 동시에 거리 손실을 일으키는 주요 원인이기도 하다. 거리를 내고 싶다면 무엇보다 슬라이스를 내지 말아야 한다.

5. 셋업 때 몸과 골프채 사이를 충분히 확보하라

어드레스를 할 때 공과 몸이 너무 붙어 있으면 원활한 스윙을 할 수 없다. 몸을 자연스럽게 돌릴 수 없기 때문에 스윙을 부드럽게 할 수 없고 임팩트 때 공에 힘을 실어줄 수도 없다. 골프채를 마음껏 그리고 힘차게 휘두르려면 몸과 골프채 끝 사이의 공간이 충분해야 한다. 이 공간은 손을 쫙 폈을 때 엄지와 새끼손

가락 사이 정도가 적당하다.

6. 몸을 중심으로 '스윙' 하라

이는 너무 당연한 팁인 것 같다. 하지만 몸을 중심으로 부드럽게 스윙하는 골퍼는 많지 않다. 공을 좀 더 세게 쳐 보려고 힘을 주다 보면 치명적인 상하 스웨이가 나오기도 한다. 공 없이 연습 스윙할 때 하는 그 스윙이 바로 몸을 중심으로 하는 스윙이다.

7. 공을 때리지 말고 통과하면서 스윙하라

힘없는 골퍼들은 공을 때리고 말거나, 공을 퍼 올리려 한다. 하지만 이런 동작은 임팩트 때 힘의 손실로 나타난다. 공을 통과하면서 스윙하는 것이 비거리를 늘리는 방법이다. 헤드 커버를 벗기지 않고 하는 연습 스윙이 도움이 된다.

8. '끝까지' 피니시 하라

피니시는 말 그대로 끝까지 해야 하는 것이다. 하지만 임팩트만 하거나 체중이 오른발에 그대로 남아 있는 경우가 많다. 체중 이동이 되지 않으면 거리도 그만큼 줄어들게 된다. 피니시가 완벽하지 않고는 장타도 없다. 몸이 타깃을 향하고 왼쪽 팔꿈치는 굽혀져 바닥을 바라보고 있다면 '끝까지' 피니시가 된 것이다.

9. '쉭' 소리 나게 휘둘러라

드라이버를 거꾸로 잡고 스윙해보라. 무척 가볍게 느껴지고 편안하게 스윙할 수 있을 것이다. 만일 이때 '쉭' 소리가 나지 않는다면 제대로 스윙을 해주지 못하는 것이다. '쉭' 소리가 날 때까지 스윙을 하고 나서 그 느낌대로 공을 때려보면 거리가 좀 더 나가는 경험을 할 수 있다.

10. 몸에 맞는 클럽을 찾아라

한국 골퍼들은 남자, 여자를 막론하고 '강한 골퍼' 스트레스를 겪고 있다. 로프트 각도나 샤프트 강도 모두 남보다 더 낮고 센 것을 택하려 하는 경향이 강하다. 하지만 평소보다 로프트가 높고, 샤프트가 약한 것을 썼을 때 장타를 냈던 경험을 가진 골퍼가 꽤 있을 것이다. 몸에 맞는 클럽은 정확성을 높여줄 뿐 아니라, 숨겨져 있었던 거리도 찾아준다.

Chapter 10

멘탈 골프 향상하는 방법 10가지

골프는 상당 부분 멘탈이 좌우한다. 아무리 스윙이 아름답고 샷 기술이 좋은 골퍼라도 정신력이 약하면 제 기량을 발휘하지 못한다. 타이거 우즈보다 스윙이 부드럽고 장타를 날리는 골퍼가 많지만 우즈만 '골프 황제'의 고귀한 칭호를 받는 것은 멘탈에서는 아무도 그를 따라잡지 못하기 때문이다. 골프 교습가들이 주장하는 멘탈 게임을 향상시키는 10가지 팁을 소개한다.

1. 샷을 할 땐 긍정적 사고를 하라

부정적인 생각은 골프 코스 최대 적이다. '공이 OB 구역으로 날아가면 어떻게 하지' 같은 불안한 생각을 하게 되면 자신도 모르게 잘못된 동작을 하게 되어 정말 OB 구역으로 공이 날아간다. 샷을 할 때는 긍정적인 생각을 해야 한다. 그 생각은 곧바로 자신감으로 연결된다. 어떤 샷이든 성공할 수 있다는 믿음,

이것이 바로 당신의 샷을 강하게 한다.

2. 지금 해야 할 샷에만 집중하라

코스에 서면 온통 잡념으로 가득 찬 골퍼가 있다. 자신의 성적은 물론 파트너 스코어까지 일일이 세어 가며 집중하지 못하는 골퍼들이다. 코스에서 골퍼에게 가장 중요한 것은 바로 지금 당장 해야 할 샷이다. 이전 샷도 앞으로의 샷도 생각할 필요가 없다. 특히 결정적인 샷에서 다른 생각을 하면 열에 아홉 번은 실수로 이어진다.

3. 자신만의 프리샷 루틴 만들어라

프리샷 루틴(샷을 하기 전 일련의 동작)은 대충 이렇다. '타깃을 본다. 연습 스윙을 한다. 셋업 한다. 그리고 다시 타깃을 본다. 깊게 숨을 내쉰다. 그리고 샷을 한다.' 아주 기본적인 프리샷 루틴이다. 하지만 이마저도 하지 않고 연습 스윙 한번 해보고는 곧바로 샷을 하는 골퍼가 있다. 특별한 프리샷 루틴이 없는 사람이라면 당장 다양한 루틴을 시도해보고 샷이 잘 맞았을 때 했던 루틴을 자신의 것으로 만들어라.

4. 구체적인 목표를 정하라

골프 실력을 키우려면 구체적인 목표가 필요하다. 목표는 긍정적이어야 한다. 또 구체적이고 수치화되어 있어야 한다. 이를테면 앞으로 3개월 이내에 80대 이하 스코어를 기록하겠다는 식이다. 연습도 마찬가지로 구체적인 목표가 있어야 한다. 아무 생각 없이 공만 치는 연습은 시간만 허비할 뿐이다.

5. 샷을 비주얼화 하라

샷을 하기 전에 '상상의 샷'을 머릿속에 그려 보는 것이 도움이 된다. 해저드를 지나 그린에 공이 올라가는 것을 상상하며 샷을 하면 현실이 될 가능성이 높아진다. 특히 그린 주변에서 샷을 할 때는 상상의 샷이 큰 효과를 발휘한다. 공이 어느 정도 뜨며, 어느 지점에 떨어지고, 어느 정도 굴러서 핀에 붙을 것인지 머릿속에 그려라.

6. 실수한 샷은 빨리 잊어라

한 번 무너지면 도저히 헤어 나오지 못하는 골퍼가 있다. 이런 골퍼 대부분은 잘못된 샷을 잊지 못해 라운드 내내 신경을 쓰기

때문이다. 잘된 샷은 기억하는 것이 좋다. 하지만 잘못된 샷은
곧바로 잊어야 한다. 18번 홀에서 웃고 싶다면.

7. 긴장감을 즐겨라

LPGA 스타 신지애는 긴
장감을 즐긴다. 선두 경쟁이
치열하고, 갤러리가 높은 관
심을 보이면 오히려 힘이 난
다고 말한다. 주말골퍼들도
신지애의 멘탈을 따라하자.
어느 정도 긴장감을 즐기다
보면 집중력이 좋아지고, 그
만큼 신중한 샷을 할 수 있
게 된다.

8. 절대 서두르지 마라

골프의 최대 적 중 하나는 조급함이다. 성격이 급한 골퍼는 라
운드를 할수록 점점 서두르게 된다. 샷이 제대로 맞지 않는 날

이면 마음이 더욱 급해진다. 급한 마음은 집중력을 떨어뜨리고 다시 미스 샷으로 연결되는 악순환만 계속 만들 뿐이다. 서두르는 만큼 미스 샷도 많아진다는 사실을 항상 마음속에 담고 있어야 한다.

9. 강한 상대와 맞붙어 벤치마킹하라

옛 어른들은 자신보다 영리하고 지혜로운 사람과 사귀라고 조언했다. 골프도 마찬가지다. 실력이 좋은 상대와 자주 라운드를 해야 차차 자신의 실력도 늘게 된다. 늘 하수들과 라운드하다 보면 자칫 자신도 모르는 사이에 실력이 줄어들 수 있다.

10. 자신의 장단점을 잘 파악하라

왕년의 골프 황제 잭 니클라우스는 "어떻게 하면 스코어를 잘 낼 수 있을까"라는 질문에 "자신의 골프 실력에 맞게 코스를 공략하라"고 충고했다. 한마디로 자신의 골프 실력을 알라는 것이다. 장점은 물론 단점까지 잘 파악해 그에 맞는 코스 공략을 한다면 어이없는 샷으로 스코어를 나쁘게 하는 실수를 막을 수 있다.

Chapter 11

골퍼가 버려야 할 나쁜 습관 10가지

새해가 되면 골퍼도 새 다짐을 하게 된다. 하지만 라운드를 거듭할수록 그 다짐은 마음속에서 사라진다. 언제 그런 마음을 가지기나 했느냐는 듯이 말이다. 어제보다 오늘이, 오늘보다 내일이 더 좋은 골퍼가 되고 싶다면 새해 첫날 가진 다짐을 잊지 말아야 한다. 특히 나쁜 습관이 있다면 언제라도 버려야 한다. 아마 다음과 같은 것일 게다.

1. 스트레스 받지 말자

골프를 하는 최고 이유는 즐겁기 위해서다. 하물며 스트레스만 잔뜩 받는다면 주머니 사정도 열악한데 굳이 돈 들여가며 골프를 할 필요가 있겠는가. 단연코 골프를 아니함만 못하다. 스트레스를 받으면 샷이 잘 맞지 않고, 그러면 더 스트레스를 받는 악순환이 생긴다.

2. 실수를 연발하지 말자

실수는 한 번이면 족하다. 하지만 그 실수를 만회하려고 '리커버리 샷'을 날리는 프로골퍼와 달리 주말골퍼들은 오히려 그 실수를 잊지 못해 똑같은 실수를 저지른다. 호미로 막을 것을 가래로도 막지 못하는 사태가 발생하는 것이다. 보기로 막을 것을 더블보기로도 막지 못하고 '양파(더블파)의 참사'를 당하게 된다.

3. 무모한 샷을 날리지 말자

옛 '골프 황제' 잭 니클라우스가 주말골퍼에게 최우선으로 강조하는 게 있다. '자신에게 맞는 코스를 공략하라'는 것이다. 초보 골퍼가 위험이나 함정을 무시하고 시도 때도 없이 무모한 샷을 날린다면 평소보다 10타쯤은 훨씬 넘게 칠 게 분명하다. 무모한 샷은 어디까지나 욕심이 잉태한 골프의 적이다.

4. 부정적인 생각을 갖지 말자

골프를 하다 보면 지독하게 운이 나쁜 날이 있다. 잘 맞은 샷은 디봇 자국을 찾아다니고, 퍼팅한 공은 홀을 한 바퀴 돌고 나오기 일쑤다. 이런 상황에서도 부글부글 속이 끓지 않는다면 그는 필시 보통 사람이 아닐 것이다. 하지만 어쩔 것인가. 스스로 '머피의 법칙'에 빠진다면 상황만 악화될 뿐이다. 골프는 어디까지나 멘탈의 게임이다. 부정적인 생각을 가지면 분명 샷에 좋지 않은 영향을 미친다.

5. 소심함을 떨쳐 내자

소심한 골퍼들은 대체로 비슷한 특징을 갖는다. 전반에 강하고 후반에 약하다. 긴 퍼팅은 자신 있지만 짧은 퍼팅은 영 글렀다. 홀판에 강하고 배판에 약하다. 첫 홀 티샷은 성공보다 실패가 많다. 파3홀에서 이른바 '사인'을 받았을 때 툭하면 미스 샷을 한다. 갤러리(?)에게 약한 탓이다. 퍼팅은 홀에 미치지 못할 때가 많다.

6. 늦어서도 안 되고, 빨라서도 안 된다

최악의 골퍼 중 한 유형은 슬로우 플레이어다. 느림보 골퍼는 누구에게도 환영받지 못한다. 골프는 상대방을 배려하면서 하는 운동이다. 그렇다고 너무 빠른 골퍼가 되어서도 안 된다. 급한 마음은 골프 스코어를 갉아 먹는 요소다. 스윙이 급하면 리듬이 빨라지고, 샷도 좋은 결과를 얻을 수 없다.

7. 27홀 체질에서 벗어나라

'27홀 체질인 골퍼'가 있다. 초반에는 샷이 난초를 그리다가 후반 들면서 샷 감을 찾는 골퍼를 말한다. 이런 골퍼들은 상당수 '게으르다'는 공통점을 갖는다. 출발 시간에 빠듯하게 골프장에 도착해서 밥도 먹는 둥 마는 둥, 퍼팅 한번 제대로 해보지 않고 1번 홀 티잉 그라운드에 올라 선 골퍼는 결코 '굿 샷'을 날리기 힘들다. 제 샷 감을 찾는 데 족히 9홀은 필요하다 보니 27홀 체질인 골퍼가 되는 것이다. 정말 골프를 잘하고 싶은가? 그럼 빨리 '18홀 체질'로 개선하라.

8. 샷을 할 때만큼은 머리를 비워라

샷을 할 때 머릿속에 온갖 잡념으로 가득 찬다면 '클린 샷'을 할 수 없다. 잠깐 딴 생각을 하면서 백스윙할 때 좋은 샷이 나온 적이 있는가. 별로 없을 것이다. 머릿속이 스윙 이론으로 꽉 차 있다고 해도 결코 좋은 결과를 얻을 수 없다. 샷을 할 때만큼은 머리를 비우는 것이 굿 샷의 요령이다.

9. 라운드 전날 과음이나 과식을 하지 마라

하수는 골프 전날 기분 좋다고 한잔 하고 싶어 한다. 하지만 고수는 결코 라운드 전날 음주가무를 즐기지 않는다. 프로골퍼들은 아침 식사량에 따라서도 그날 컨디션이 달라진다고 한다. 하물며 전날 과음·과식을 했는데 좋은 샷이 나올 리 만무하다.

10. 노력 이상의 성과를 기대하지 마라

오늘 샷이 안 맞았을 때 대부분 본인 연습 부족은 탓하지 않고 '운'이 나빴다며 핑계를 댄다. 연습이나 노력도 하지 않고 "내일은 잘 맞겠지" 하고 기대하는 것은 도둑놈 심보나 다를 게 없다. 어떠한 '골프 천재'도 '연습벌레'를 이기지 못하는 법이다.

PART 02

명쾌한 골프 레슨?
골프 속담이 답이다

골프 압박감 이기는 법?

1,000원짜리 내기 골프의 압박감

골프 내기를 아주 싫어하는 골퍼가 있다. 내기가 골프의 재미를 높인다는 사실을 인정하면서도 절대 내기를 하지 않는다. 이유는 대부분 비슷하다. "이 좋은 골프를 하면서 왜 스트레스를 받아야 하느냐?"는 것이다. 내기를 하면 왜 스트레스를 받을까? 긴장감 또는 압박감이 생기기 때문일 것이다.

하지만 프로의 세계에서는 압박감도 골프의 한 부분이라고 생각한다. 왕년의 PGA 스타 리 트레비노는 "골프에서 진짜 압박이란 주머니에 2달러만 갖고 있으면서 5달러짜리 내기를 해봐야 비로소 느낄 수 있다"고 했다.

1타당 1,000원짜리 내기를 하는데 계속 돈을 잃어, 이제 주머니 속에 달랑 1만 원짜리 한 장만 있다고 생각해보자. 어느 홀에

"골프에서 진짜 압박이란 주머니에 2달러만 갖고 있으면서 5달러짜리 내기를 해봐야 비로소 느낄 수 있다"고 했다.

서든 큰 실수 한 번이면 곧바로 '만세'를 불러야 할 처지다. 정말 강심장이 아니고서면 그때부터 샷은 더 제멋대로일 것이다. 압박감이 온 몸을 짓누를 게 분명하기 때문이다. 돈 잃는 것도 싫지만 만세를 부르는 것은 자존심이 쉽게 허락하질 않는다.

하물며 한 타에 수천 만 원이 오가는 골프대회에서 선두 경쟁을 할 때는 얼마나 강한 압박감이 가슴을 조이겠는가. '골프 황제' 타이거 우즈를 메이저대회에서 고꾸라뜨린 양용은조차도 그 압박감의 실체를 호소한 적이 있다.

"티 꽂을 때 손이 덜덜 떨려본 적 있으세요? 지금 생각하면 얼마나 창피한지. 제가 바로 그랬다니까요. 첫 우승이 2002년 SBS 프로골프최강전이었잖아요. 사실 그 전에도 우승할 기회가 있었어요. 한 2년 전쯤이라고 생각되는데, 박남신 선배하고 마지막 조에서 우승을 다툴 때였어요. 여기서 잘하면 우승도 할 것 같은 느낌이 들었어요. 그런데 갑자기 그때부터 티를 꽂는데 손이 떨리는 거예요. 아, 이래서 첫 우승이 힘들구나, 하는 생각이 들더라고요. 결국 우승은 박남신 선배에게 돌아갔죠."

양용은은 골프할 때 실력보다도 어떤 상황에서도 떨지 않는 게 중요하다고 생각한다. 프로골퍼 역시 주말골퍼와 별 다르지 않는다. 양용은은 실제 경기를 하지 않을 때도 압박감이 올 때가 있다고 했다. "한 번은 연습 라운드 때 압박감을 느낀 적도 있어요. 그날 3홀인가 남기고 8언더를 쳤어요. 아, 이제 세 홀만 파 세이브 해도 내 베스트 스코어를 치는구나 생각이 들었어요. 그

때부터 샷이 엉망이 되더라고요. 주말골퍼들이 첫 싱글 스코어
낼 때와 똑같아요."

2009년 PGA챔피언십 최종일을 앞두고 양용은 역시 떨리기
는 마찬가지였다. 다만 그러지 않으려고 노력했을 뿐이다. 양용
은은 우즈와 맞붙기 전날부터 '이미 내일은 내 생애 최고의 날'
이라고 마음먹었다. 우즈와 대결하는 것만 해도 이미 최고의 날
이라고 생각한 것이다. 그래서 막상 우즈와 대결할 때는 아무
것도 거칠 게 없었다.

이런 마음이었던 것이다. "밑져야 본전인데, 지면 어때" 우즈
도 압박감을 받을 때는 원하는 샷을 할 수 없었다고 토로한다.
"지금까지 질식할 정도로 긴장된 순간이 여러 번 있었다. 그럴
때는 나도 모르게 엉뚱한 샷이 나왔다. 하지만 그것도 골프의
한 속성으로 이해해야 한다."

선수들은 나름대로 긴장될 때 푸는 방법이 있다. 여자 프로골
퍼인 데일 에글링은 '마음속으로 노래 부르는 것'으로 긴장을 푼

다. 골프 전설 중 한 명인 샘 스니드도 마음속으로 노래 부르는 방법을 지지하는 선수 중 한 명이다.

웃음이나 농담도 긴장 극복에 효과가 있다. 먼 산이나 하늘을 바라보거나, 머릿속으로 숫자를 세는 습관, 숨을 깊게 들이마시는 행동도 긴장과 압박감을 이길 수 있는 방법이다. 프리샷 루틴은 골프 교습가들이 권하는 최고의 긴장 극복책이다. 결정적인 순간에 긴장하지 않는 골퍼는 없다. 다만 그 긴장을 얼마나 풀어 낼 수 있느냐가 관건인 것이다.

Chapter 02

버디는 행운, 파는 실력, 보기는 친구

올드맨 파와 싸우라

프로골퍼 스타일은 크게 두 가지다. 공격적으로 홀을 공략해서 버디를 많이 잡는 스타일이 있는가 하면 보기를 최소화해 스코어를 지키는 쪽도 있다. 공격적인 골퍼는 버디를 많이 잡는 대신 보기도 많이 범하고, 그 이상 나쁜 스코어도 곧잘 내고는 한다. 반대 성향의 골퍼는 보기를 적게 기록하는 대신 버디 숫자가 그리 많지 않다. 대신 스코어카드는 파로 도배된다.

일반적으로 장타를 치는 선수는 공격적인 골프를 하면서 버디를 자주 노린다. 반대로 거리가 짧은 선수는 보기를 범하지 않는 전략적인 골프를 하게 된다. 이런 골퍼는 당연히 숏 게임 능력이 좋아진다. 주말골퍼는 어떤 스타일의 골퍼를 따라하는 게 현명할까? '골프의 전설' 보비 존스의 명언에는 은연중에 그

해답을 제시하고 있다.

마스터스가 열리는 오거스타 내셔널 골프장을 만든 존스는 "골프란 다른 플레이어와 싸우는 것이 아니라 '올드맨 파'에 치열하게 맞서는 것"이라고 했다. 그러면서 "나는 파라는 올드맨을 상대하면서 큰 경기를 차례로 이길 수 있었다"고 했다. 존스는 1930년, 28세의 나이로 US오픈 4차례, 브리티시오픈 3차례, 그리고 US아마추어와 브리티시아마추어대회 5차례 우승이라는 대기록을 수립했다.

여기서 주목해야 할 것은 존스가 만들어 낸 '올드맨 파(Old Man Par)'라는 개념이다. 올드맨 파는 존스가 상상해 낸 자신만의 '라이벌'이다. 골프 상대는 다른 골퍼가 아니라 각 홀의 '파(par)'가 돼야 한다는 것이다. 매 홀 파와 싸우다 보면 파도 잡고 어떤 때는 버디도 잡을 수 있다.

존스는 버디를 많이 잡는 것보다는 보기를 하지 않는 플레이, 즉 파를 지키는 플레이가 스코어를 좋게 한다고 믿었던 모양이다. 주말골퍼에게 버디는 행운이고, 파는 실력이다. 버디를 잡으려고 욕심을 드러내면 프로골퍼와 달리 보기가 아니라, 주말골퍼의 스코어카드에는 더블 보기와 트리플 보기가 쏟아

   주말골퍼, 똑바로 멀리치기!

지게 된다.

오히려 보기 이상을 하지 않으려고 노력하다 보면 파(실력)도 나오고, 버디(행운)도 찾아오는 것이다. 물론 이것도 보기플레이어 수준 이상 골퍼에게 해당하는 말이다. 만약 자신의 실력이 보기플레이어 수준이라면 파보다는 보기와 친해져야 한다. 90대 전후를 치는 골퍼의 스코어카드에는 보기가 가장 많다. 보기를 하는 홀은 당연한 것이요, 파를 잡은 홀은 최상의 실력이 발휘된 것이다.

주말골퍼는 보기와 친해져라

이런 골퍼는 더블보기 이상을 하지 않도록 애쓰는 게 평소 성적을 낼 수 있는 방법이다. 보기는 나와 떼려야 뗄 수 없는 사이 좋은 친구인 것이다. 전라북도 군산에 위치한 군산 골프장 정읍 코스 3번 홀은 파7 홀로 전장이 무려 1,004m에 달한다. 200m씩 다섯 번을 쳐야 겨우 그린에 공을 올릴 수 있는 셈이다. 하지만 주말골퍼는 드라이버로 200m 보내기도 만만치 않다.

이 홀에서 티샷 250m를 보내는 아마추어 장타자 둘과 라운드

한 적이 있다. 이 홀이 처음이라는 둘 모두 강한 도전 의식이 생기는 모양이었다. 둘의 티샷은 230m 이상 나갔다. 3번 우드 하나씩 들고 의기양양 '천사 홀' 공략에 나섰다. 하지만 욕심은 화를 부르는 법. A가 두 번째 샷에서 그만 쪼루가 나더니 100m도 보내지 못하는 게 아닌가. 세 번째 샷에서는 B가 그만 엄청난 뒤땅을 친다. 결국 한 명은 가까스로 6온, 다른 한 명은 8온에 'OK'를 받았다. 더블보기와 트리플보기가 나온 것이다. '천사 홀'이 '악마 홀'로 바뀐 순간이다.

실망하는 둘을 위로하는 캐디의 한마디. "이 홀에서 파세이브하는 주말골퍼도 별로 못 봤어요." 이 말을 듣자 그나마 더블보기를 한 A의 얼굴색이 환해진다. 이 홀에서는 버디는 기적, 파는 행운, 보기는 실력, 그리고 더블보기가 친구인 것이다.

Chapter 03

고수와 하수의 진짜 차이

고수와 하수의 차이

골프장에서는 골프 잘 치는 사람이 왕이다. 머리 올리러 온 초보 골퍼나 100타 한 번 깨보지 못한 골퍼는 아무리 숨기려 해도 어딘지 모르게 티가 나게 마련이다. 아무리 학벌 좋고 집안 좋은 남자도 처음 군복을 입혀 놓으면 '어리바리한' 이등병 이상이 될 수 없는 것과 같은 이치다.

일단 가장 유머스러우면서도 정곡을 잘 찌른 고수와 하수 차이다. 고수의 샷은 '본대로' 가고, 하수의 샷은 '걱정한대로' 간다. 물에 빠지면 어쩌지 걱정하면 공은 어김없이 물로 직행한다. 벙커 걱정을 하면 벙커행이요, OB 걱정을 하면 어찌나 하수 마음을 잘 아는지 공은 OB 구역을 알려 주지도 않았는데 잘도 찾아간다.

하수는 샷을 하기에 앞서 자신감 없이 걱정만 한다고 해서 나온 우스갯소리다. 고수와 하수 사이 '중수'도 있다. 중수의 샷은 '친대로' 간다. 골프 초보는 항상 초조해 보인다. 느긋하지 못하고 뭔가에 쫓기는 듯 보이는 골퍼는 대부분 초보인 경우가 많다. 고수는 혹시 잘못됐더라도 늘 느긋하게 보이도록 노력한다.

골프 클럽 구성만 봐도 고수와 하수는 뭔가 달라 보인다. 고수는 자신에게 꼭 필요한 클럽만 골프백에 넣고 다닌다. 우드나 하이브리드를 잘 쓴다면 우드와 하이브리드가 골프백에 많을

골프 고수는 아무리 실망스런 상황이 와도 포기하지 않고 차분히 다음 샷에 최선을 다한다.

것이고, 웨지 샷을 잘 한다면 웨지가 상대적으로 다른 채보다 많다. 어쩌다 한번 쓰는 채는 자신에게 필요한 것으로 바꿔 넣는다.

하지만 하수는 반대다. 자신 있는 채만 쓰다 보니 골프백 안에는 거의 쓰지 않는 채가 많다. 거의 써보지 않은 탓에 헤드가 번쩍이는 롱 아이언이 많고, 7번 아이언 헤드만 닳아 있다면 그는 하수가 분명하다.

더블파는 하수의 마음속에 있다

가끔씩 드라이버 2개를 넣고 다니는 필 미켈슨의 사례를 본받을 필요가 있다. 상식을 벗어난 그의 클럽 구성에서 진정한 고수의 품격을 느낄 수 있는 것이다. 하지만 골프 고수와 하수의 진짜 차이는 실수했을 때 확연히 구분된다. 미국프로골프(PGA)투어 82승에 빛나는 샘 스니드는 고수와 하수의 차이를 구분하는 명구를 남겼다.

"티샷에서 OB가 났다고 해서 포기하는 것은 아침 식사 전에 술을 마시는 것보다 더 나쁜 습관이 된다." 티샷이 OB가 나면 1

벌타를 받지만 그 자리에서 다시 세 번째 샷을 해야 하기 때문에 2타가 날아간다. 'OB 버디'를 해도 겨우 보기로 막는 셈이다. 더블보기하기가 만만치 않다. 'OB 파'가 더블보기이니 원래대로라면 파를 잡아야 하는 것이다.

실망한 하수의 마음속에는 이미 '더블파(일명 양파)'가 들어와 있다. 아무리 잘 쳐야 더블보기 이상 할 수 없다는 마음에 상심하게 되고 그 홀을 포기하게 된다. 하지만 고수의 마음은 다르다. 어떻게든 만회해서 더블보기로 그 홀을 막아 보려고 오히려 더 샷에 집중한다. 고수에게 아무리 실망스런 상황이 와도 포기란 없다. 이게 고수와 하수의 진짜 차이다. 파4홀에서 더블보기와 더블파는 벌써 2타 차이다. 이런 상황이 자주 오면 올수록 고수와 하수의 타수 차이는 더 벌어진다.

스니드가 82승을 거둘 수 있었던 원동력도 바로 어떤 상황에서도 포기를 하지 않았기 때문이다. 아마도 알콜중독자가 아니라면 아침 식사 전에 술을 마시지 않을 것이다. 그게 얼마나 몸에 나쁠 것이라는 사실은 굳이 설명하지 않아도 알 수 있다. OB가 났다고 포기하는 골퍼는 그 나쁜 습관에 사로 잡혀 평생 하수의 굴레에서 벗어나지 못할 것이다.

Chapter 04

백스윙 땐 슬로우 플레이어가 되어라

공공의 골프 적

프로골퍼들에게 이제 막 골프를 배우는 사람에게 미리 한 가지 충고를 해달라고 하면 어떤 얘기가 제일 많이 나올까. 다양한 의견이 나오겠지만 아마도 '슬로우 플레이어가 되지 말라'고 하는 이가 가장 많을 것이다. 슬로우 플레이는 '공공의 골프 적'이니까.

언젠가 미국프로골프(PGA)투어에서 선수들의 플레이 속도에 대해서 조사한 적이 있다. 당시 가장 빠른 선수는 '오렌지 보이' 리키 파울러(미국)였다. 그의 샷 소요 시간은 고작 16초에 불과했다. 조나탄 베가스(베네수엘라), 브라이언 데이비스(영국), 크리스 커크(미국) 등이 '토끼 골퍼'였다.

반면 닉 오헌(호주)은 평균 55초로 '거북이 골퍼' 중에서도 느림보였다. 장타자 J.B. 홈스(미국), 존 센든(호주), 재미교포 케빈 나 등이 슬로우 플레이어에 들어갔다. 지금은 해설가로 변신한 닉 팔도(영국)도 늑장 플레이로 악명 높았다. 2007년 독일 마스터스에서 팔도 뒷 조에서 라운드했던 앤드루 콜타트는 "신문을 볼 수 있을 정도로 플레이가 늦었던 것을 기억하면 아직도 울화통이 터진다"고 말할 정도였다.

존경 받는 골퍼가 되고 싶은가. 그럼 가장 먼저 '거북이 골퍼'에서 벗어나야 한다. 하지만 백스윙에 대해서 프로골퍼에게 한 마디를 부탁하면 정반대의 답이 나올 것이다. 오히려 '슬로우 플레이어가 되라'고.

백스윙의 크기는 욕심과 비례한다

골프 선각자들이 남긴 백스윙 속도에 대한 충고는 많다. "빠른 백스윙을 하는 골퍼치고 일류 선수는 거의 없다"는 게 대표적이다. 월터 심프슨은 "백스윙할 때 오른쪽 귀에 앉아 있는 파리라도 잡을 것처럼 (골프채를) 성급하게 휘둘러 올리지 말라"고 했다. 모두 너무 빠른 백스윙을 경계한 말이다. 비슷한 의미

주말골퍼, 똑바로 멀리치기!

의 금언들도 많다.

보비 존스는 "골프에 너무 느린 스윙이란 없다"고 했고 샘 스니드는 "힘을 빼고 서서히 스윙하라. 볼은 결코 도망가지 않으니까"라고 설파했다.

어떻게 하면 백스윙 속도를 늦출 수 있을 것인가. 역시 그 해답은 선인들의 명구에서 찾을 수 있다. 이 금언은 어떤가. "백스윙은 등에 업은 어린 아이를 떨어뜨리지 않도록 상체를 회전시키는 일이다."

등에 업은 어린 아이를 떨어뜨리지 않으려면 무척 조심해서 백스윙해야 한다. 당연히 빠르게 백스윙을 가져갈 수 없을 것이다. 왜 백스윙이 빠르거나 커질까. 그 이유는 바로 '욕심'에 있다. 현역 시절 때 슬로우 플레이어라고 평가 받았던 '황금곰' 잭 니클라우스조차도 "대부분의 골퍼들은 파워가 커다란 스윙에서 나온다고 착각한다"고 거리 욕심을 내지 말 것을 충고하기도 했다.

주말골퍼에게 백스윙의 크기는 욕심과 비례한다. 장타를 치려고 할 때 으레 백스윙도 커진다. 핀에 꼭 붙여 보겠다는 욕심이 생길 때도 백스윙의 변화가 일어난다. 백스윙이 크면 클수록 생각도 많아진다. 그 생각 속에는 걱정이란 놈도 포함되어 있다. 그러니 다운스윙인들 제대로 할 수 있겠는가. 오만가지 상상 속에 한 백스윙은 오만가지 실수를 만들어 내는 것이다.

백스윙이 크면 클수록 욕심도 더 커지게 마련이다. 그 결과 다운스윙이 급해지고, 고개까지 들어버리는 최악의 사태가 발생한다.

Chapter 05

숏 퍼팅은 자신감과 용기

드라이버 샷은 쇼, 퍼팅은 돈

300야드를 멋지게 날리고도 1m짜리 퍼팅을 놓친다면 결코 좋은 스코어를 낼 수 없다. 반대로 200야드밖에 드라이버샷을 날리지 못 하고도 1m 퍼팅을 넣었다면 결코 스코어가 나쁘게 나오지 않는다.

그래서 나온 게 '드라이버 샷은 쇼, 퍼팅은 돈'이란 골프 격언일 것이다. 1m는 퍼팅에서 상당히 중요한 의미를 갖는 거리다. 성공하면 당연하게 여기지만 실패했을 때는 소심한 선수로 낙인찍힐 수도 있다. 자주 실수하다 보면 자칫 '입스증후군'이나 '멘탈 붕괴'로 이어질 수도 있다. '넣어야 본전'인 거리이면서 넣지 못하면 엄청난 화가 미칠 수도 있는 거리인 셈이다.

이미 숏 퍼팅에 대한 금과옥조 같은 골프 속담을 설파한 이들

롱 퍼트가 거리감이라면 숏 퍼트는 자신과 용기다.

이 꽤 있다. '롱 퍼트가 거리감이라면 숏 퍼트는 자신과 용기다.'
롱 퍼트는 붙이는 게 목적이다. 따라서 거리감이 좋아야 한다.
하지만 짧은 퍼팅은 거리감은 중요하지 않다. 홀을 지나칠 정도의 세기로만 치면 된다. 하지만 그 '지나칠 세기'로 치지 못하는 골퍼가 꽤 많다. 자신과 용기가 없어서다. '실수하면 어떻게 하지' 하는 걱정 때문에 제대로 스트로크를 해주지 못하는 것이다.

최근 전 세계적으로 짧은 퍼팅 실수로 가장 화제가 됐던 선수는 아마도 LPGA투어에서 뛰는 김인경일 것이다. 2012년 크래프트 나비스코 챔피언십에서 김인경은 30cm짜리 우승 퍼팅을 놓쳐 메이저 우승을 날려버렸다.

역시 2012년 초 PGA투어 데뷔 후 163번 도전한 끝에 AT&T 페블비치 내셔널 프로암에서 우승 기회를 잡은 위창수는 첫 홀에서 1m도 채 되지 않는 거리에서 3퍼트를 하더니 결국 역전패를 당했다. 또 2012년 미국여자프로골프(LPGA)투어 개막전 호주여자오픈에서도 1타 차 선두였던 서희경과 유소연이 18번 홀에서 1m 남짓한 파 퍼팅을 실패하더니 결국 연장전으로 끌려간 끝에 패했다.

숏퍼팅의 저주

국내 선수 중에서 '숏퍼팅의 저주'에 가장 치를 떨었던 선수는 강욱순일 것이다. 2003년 말 PGA투어 퀄리파잉 토너먼트 최종일 마지막 홀에서 50cm도 되지 않는 짧은 퍼팅을 놓쳐 1타 차로 카드를 놓쳤다. 당시만 해도 한창 잘 나갔던 그는 이후 다시 우승할 때까지 무려 5년이란 세월이 걸렸다.

숏 퍼팅은 '실력'보다는 '멘탈'에 좌우된다고 보는 전문가가 많다. 누군가는 퍼팅은 마음의 게임이라고 했다. 적어도 짧은 퍼팅은 마음의 게임인 게 확실하다. 전설의 아마추어 골퍼 보비 존스는 "긴장과 불안은 부주의보다 더 많은 실수를 만든다"고 말했다.

살아 있는 골프 전설 잭 니클라우스는 "퍼팅을 못한다고 스스로 평가하는 골퍼는 3피트 이내에서조차 퍼팅을 홀에 집어넣을 수 없기 때문에 1페소 이상 내기도 할 수 없을 것"이라고 멘탈의 중요성을 강조한 바 있다.

숏 퍼팅은 아무래도 배짱 좋고 차분한 선수일수록 성공할 확률이 높다. 반면 소심하거나 다혈질인 선수는 짧은 퍼트를 할 때 실수가 잦다. 1m도 상황에 따라 심리적인 압박감 차이가 크다. 내기가 걸리지 않았거나 편안한 상대로 친선 라운드를 할 때는 별로 문제가 되지 않는다. 하지만 결정적인 순간 1m 퍼팅은 심리적으로 훨씬 길게 느껴진다. 머리는 공황 상태에 빠지고 몸은 내 생각대로 움직이지 않는다.

이런 상황에서는 무엇보다 마음의 안정을 찾는 것이 중요하다. 결과에 너무 집착하는 않는 자세도 필요하다. 결과는 2개뿐이다. '들어가거나', '안 들어가거나'다. 결정적 순간에 1m 남짓한 퍼팅은 배짱 싸움인 것이다.

Chapter 06

이상적인 그립의 강도는?

캐디가 클럽을 넘겨줄 때

골프 스윙은 사전적으로 말하자면 골퍼가 골프채를 잡고 휘두르는 행위다. 그리고 골퍼와 골프채를 연결하는 부분과 골퍼가 잡는 행위는 모두 그립이라고 부른다. 그립은 골프 스윙에서 가장 기본적이면서 무엇보다 중요하다고 할 수 있다. 많은 교습가들이 스윙에 어떤 문제가 생기면 일단 그립부터 점검하라고 하는 것도 그만큼 그립이 중요하기 때문일 것이다. 심지어 최경주 선수는 아마추어 골프는 그립이 99%를 좌우한다고 강조하기도 했다.

그립에는 다양한 종류가 있다. 인터로킹, 베이스볼, 그리고 가장 흔한 오버래핑 그립이 있다. 퍼팅 그립으로 가면 그 종류가 더 많아진다. 그립을 할 때 주말골퍼가 가장 어렵게 느끼는 부분은 과연 어느 정도 세기로 잡을까 하는 것이다.

일단 모든 교습가들이 말하는 기본은 '가볍게 잡는 것'이다. 그런데 이 가볍게 잡는 정도가 터득하기가 결코 쉽지 않다. 너무 헐겁게 잡으면 골프채가 손 안에서 놀 수 있고, 너무 강하게 잡으면 스윙을 하는 데 원활하지 못하다.

물론 상황에 따라서 그립의 강도가 달라질 수 있다. 러프에서 샷을 할 때는 분명 페어웨이에서 샷을 할 때보다 강하게 잡는 것이 정답이다. 골퍼에 따라서도, 손의 힘에 따라서도 달라지는 게 그립의 강도다. 손아귀 힘이 센 프로골퍼야 가볍게 잡아도 골프채를 놓치지 않겠지만 힘 약한 주말골퍼가 느슨하게 잡았다가는 골프채를 놓칠 수도 있는 것이다.

스윙에 따라서도 달라질 수 있다. 원심력을 이용한 부드러운 스윙을 하고 있다면 가볍게 잡는 것이 거리를 내는 방법일 수 있다. 하지만 회전운동보다는 직선운동 형태로 때리는 스윙을 하는 골퍼는 상대적으로 세게 잡아야 할 것이다.

그립의 강도에 대한 정답은 없다. 연습과 실전을 통해서 자신에 맞는 그 느낌을 터득해야 최선일 것이다. 느낌을 이해하는 데 도움이 되는 몇 가지 표현이 있다. '새가 도망가지 못할 정도', '뚜껑 열린 치약 튜브에서 치약이 조금씩 나올 정도', '상대가 앞

캐디가 클럽을 넘겨줄 때의 강도가 바로 이상적인 그립의 강도다.

에서 클럽 헤드를 잡고 당겼을 때 놓치지 않고 견딜 수 있을 정도', '자동차 운전대를 잡는 정도' 등이다. 이보다 더 확실하게 느낌을 전달하는 골프 전설 샘 스니드의 명언이 있다. "캐디가 클럽을 넘겨줄 때의 강도가 바로 이상적인 그립의 강도다." 이 얼마나 명쾌한 느낌인가.

잡은 듯 만 듯

이제는 시니어투어에서 뛸 나이가 된 프레드 커플스(미국)는 전성기 시절 누구나 인정하는 장타자 중 한 명이었다. 커플스가 자신의 장타 비결 중 하나로 꼽는 게 바로 '잡은 듯 만 듯'한 그립 압력이다. 정확히 말하면 그립의 힘을 빼는 게 장타의 비결인 셈이다.

커플스는 주말골퍼들이 클럽을 너무 꽉 잡는다고 지적한다. 커플스는 자신이 어드레스를 했을 때 누구라도 다가와 쉽게 클럽을 빼앗아 갈 수 있을 정도로 가볍게 그립을 한다고 설명한다. 특히 커플스는 오른손의 역할을 강조한다.

임팩트에 도달했을 때 커플스의 오른손은 목을 조르듯 꽉 잡는 것이 아니라 마치 클럽을 놓칠 것 같은 느낌을 받는다는 것이다. 그게 파워의 원천이란다. 만약 골프룰에 그렇게 얽매이지 않는 주말골퍼라면 장갑 바닥에 특수 소재가 돌출되어 있어 가볍게 잡아도 견고한 그립을 도와주는 '듀렉스' 같은 특수 골프장갑을 사용하는 것도 고려해볼 만하다.

자신에 적절한 그립을 하게 됐을 때 진정 한단계 업그레이드 된 자신의 골프를 느끼게 될 것이다.

Chapter 07

골프 유레카 '어깨에 힘 빼기'

스윙의 이치

유레카(Eureka)는 그리스어로 '찾았다', '알았다'는 뜻이다. 고대 그리스 시대에 활동했던 학자이자 발명가였던 아르키메데스가 목욕탕에서 어떤 진리를 깨우치고, 벌거벗은 채 집으로 달려가면서 '유레카'라고 외쳐 유명해진 말이다. 골프를 하다 보면 어느 순간 스윙의 이치를 깨닫게 될 때가 있다. 마치 아르키메데스가 된 듯 기쁘다. 이른바 골프 유레카다. 골프 유레카를 겪을 때마다 스코어가 평균 두세 타 정도 줄면서 서서히 고수로 거듭나게 된다.

골퍼의 성향은 가지각색이지만 골프 유레카의 경험은 비슷비슷하다. 주말골퍼만이 아니다. 왕년의 유명 프로골퍼들도 스스로 터득한 '유레카의 경험'을 골프 격언으로 풀어 놓고는 했다.

"골프에 너무 느린 스윙이란 없다(보비 존스)", "골프에서 볼을 쳐 올리는 동작은 하나도 없다(역시 보비 존스)."

"캐디가 당신에게 클럽을 건네줄 때의 그 힘이 바로 이상적인 그립 강도다(샘 스니드), "슬로우 슬로우 퀵의 템포로 클럽을 휘둘러보라. 미스 샷은 줄고 비거리는 늘 것이다(알 게이버거)."

골프 유레카의 경험 중 최고봉은 '어깨 힘을 빼는 순간'일 것이다. 처음으로 어깨 힘을 빼서 임팩트가 되는 순간은 짜릿하다 못해 황홀한 경험이다. 공은 맞은 듯 안 맞은 듯 느낌이 거의 없고, 그동안 전혀 해보지 못했던 완벽한 팔로우 스루와 피니시로 연결된다. 공은 또 얼마나 높이 떠서 멀리 날아가는지. 털이 곤두서고, 하늘을 붕 날아갈 것 같은 기분이 든다. '진짜 골프 스윙이란 이런 것이구나' 깨닫게 된다.

어깨 힘 빼는데 걸리는 시간

하지만 주말골퍼들에게는 어깨 힘을 빼기까지 정말 '힘든' 여정이 기다린다. "어깨 힘 빼는데 3년이 걸린다"고 하지만 10년, 아니 평생 한번도 그 느낌을 가져보지 못하고 골프 인생을 끝내는 골퍼도 있을 것이다. 아마도 3년은 열심히 연습장을 찾는 골퍼를 가정하고 예상한 기간이다. 한 달에 한 번 연습장 찾기도 힘든 주말골퍼들이야 그 느낌을 갖는다는 것이 결코 쉽지 않다.

어깨 힘 빼기와 관련한 우스갯소리가 두 가지 있다. "어깨 힘 빼기는 살 빼기보다도 어렵다." 그리고 "남자는 힘 빼는 데 3년, 여자는 힙(hip) 빼는 데 3년이 걸린다." 어깨에 힘이 빠지면 스윙이 원활하게 이뤄지고, 헤드의 무게를 느끼게 되며, 스윙 스피드가 갑자기 빨라지는 경험을 하게 된다. 정확성과 비거리가 몰라보게 좋아지는 것은 덤이다.

드라이버를 아무리 교체해도 늘어나지 않던 비거리가 늘어났으니 골프가 얼마나 쉽게 느껴지겠는가. 힘을 빼야 하는 것은 드라이버샷 때만이 아니다. 칩샷이나 퍼팅 때도 어깨에 힘을 뺐을 때 좋은 결과를 내는지 확인하게 된다. 힘 빼기는 모든 스윙에서 동시에 찾아오는 경향이 있다.

그동안 어깨를 짓눌렀던 힘의 정체도 자연스럽게 알게 된다. 초보 때는 자신감 결여가 어깨를 무겁게 했던 원인이라면, 실력이 좋아졌을 때는 욕심이 어깨 힘의 정체라는 사실을 깨닫게 된다. 싱글 스코어도 어깨 힘을 뺀 스윙을 할 수 있었을 때 비로소 찾아온다.

아직 어깨 힘 빼기 경험을 못해본 주말골퍼에게 어떤 느낌인지 알 수 있는 사례가 있다. 복싱에서 가볍게 잽을 날릴 때를 상상해보라. 어깨 힘을 빼면서 주먹을 뻗다가 가격하는 순간 힘을 '탁' 주는 그 느낌, 그게 바로 어깨 힘 뺀 상태에서 임팩트를 하는 것과 비슷하다. 피아노 건반을 치거나 컴퓨터 자판을 두드릴 때의 느낌도 마찬가지다.

문제는 어깨 힘을 뺀 경험을 했더라도 언젠가 다시 어깨 힘이 들어간 자신을 발견하게 된다는 사실이다. 어깨 힘 빼기는 주말골퍼의 영원한 숙제다.

Chapter 08

퍼팅 귀신의 조건

3학년 1반

"에이, 또 3학년 1반이야?" 가장 짜증나는 골프 스타일을 고른다면 1위는 아마도 툭하면 그린 근처에서 핀에 붙여서 1퍼트로 마무리하는 골퍼들 몫일 것이다. 이른바 '3학년 1반(3온 1퍼트)' 스타일의 골퍼들은 '짜증'이란 소리에 발끈할지 모르겠다. "장타도 못 치는데, 어프로치샷이나 퍼팅까지 못하면 매번 보험사원이나 되란 말이냐?"고. 하지만 이런 골프 격언을 들으면 다시 우쭐해질 것이다. '3온 1퍼트의 골프가 완성되면 그게 바로 완벽한 골프다.'

퍼팅 귀신은 결코 짜증의 대상이 아니다. 시기의 대상이자, 너무 부러운 존재다. 누군가 "롱게임 잘하는 자가, 쇼트게임을 잘하는 자를 이길 수 없다"고 하지 않았는가. '제주도 온' 시켜 놓고 3퍼트를 하는 것보다 3온 1퍼트하는 게 백배천배 낫다. 여기에 '퍼귀'가 되기 위한 몇 가지 조건이 있다.

퍼팅 귀신이 되기 위한 제 1 조건은 자신감과 용기를 갖추는 것이다. 퍼팅 하나 하는 데 거창하게 용기까지 들먹이냐 반문할 이도 분명 있을 것이다. 하지만 '퍼팅 입스' 때문에 고생해 본 골퍼라면 골프에서 진정한 용기가 필요한 순간은

골프에서 진정한 용기가 필요한 순간은 중요한 퍼팅을 할 때다.

바로 퍼팅 때라고 할 게 분명하다. 물론 그 용기가 위험한 일이 닥쳤을 때 발휘되는 그 용기와는 의미가 조금 다르다. 용기라는 표현보다는 오히려 배짱이라고 해야 적합할 수도 있다.

퍼팅에 관한한 둘째가라면 서러워할 퍼팅 명인 벤 크렌쇼가 한 말은 새겨들을 만하다. "명 퍼팅의 비결은 따로 없다. 그저 치

는 것이다. 들어가거나 안 들어가거나 두 가지 밖에 없으니까.”
퍼팅 고수가 되려면 두둑한 배짱이 필요하다는 조언이다.

퍼팅 귀신이 가장 무서워하는 게 무엇인지 아는가. 바로 헤드업 귀신이다. 퍼팅 귀신도 헤드업 귀신을 만나면 발에서 불이 나도록 꽁무니를 뺀다. 그러니 헤드업 귀신이 지켜보고 있을 때는 짧은 퍼팅도 들어가지 않을 수밖에. 헤드업 귀신을 만만하게 보지 말라는 선인들의 명구들이 꽤 많다. 골프의 가장 큰 철칙이면서 가장 지켜지지 않는 철칙은 ‘볼에서 눈을 떼지 마라’다. 또 귀로 퍼트하라 등등 많다.

이번에는 반대로 헤드업 귀신이 두려워하는 것도 있다. 바로 집중력 도사다. 집중력이 좋은 골퍼는 절대 헤드업을 하지 않는다. 집중력 도사가 지켜볼 때는 아무리 무서운 헤드업 귀신과 만나도 퍼팅 귀신의 백전백승이다. 퍼팅 귀신의 조건에는 그린을 잘 읽는 능력도 포함된다. 아무리 퍼팅 스트로크가 좋더라도 그린 경사를 거꾸로 읽었다면 공은 홀로 들어가지 않는다.

그린을 잘 읽으려면 우선 부지런을 떨어야 한다. 이리 보고, 저리 보고, 또 옆에서 보고, 다시 뒤에서 보면서 경사를 파악해야 한다. 그린을 읽는 기본은 ‘먼 곳에서 가까운 곳으로’다. 그 골프장 전체 지형을 읽고 난 후 그린 전체 기울기를 보고 나서 가장 마지막으로 홀 근처가 어떻게 됐는지 살펴야 한다.

주말골퍼들도 대부분 공 뒤쪽에서 홀 쪽으로 경사를 읽어야 한다는 것 정도는 잘 알고 있다. 하지만 옆 경사를 읽을 때도 낮은 곳에서 높은 곳으로 봐야 한다는 것을 잊어 먹는 골퍼가 많다. 그린 읽기는 또 두 가지로 구분해야 한다. 공에서 홀까지의 전체적인 그린과 홀 주변 그린이다.

천국과 지옥의 차이

다음은 퍼팅 귀신이 얘기해준 '천국과 지옥의 차이' 얘기다. 골퍼를 너무나 사랑하다 생을 마감하고 천국으로 간 '퍼귀' 골사랑 씨. 천국은 말 그대로 골퍼들의 천국이었다. 부킹 걱정 없지, 하루 종일 골프해도 뭐라고 하는 사람 없지, 알까기나 제멋대로 규칙을 위반하는 진상 골퍼도 없지. 그저 골프만 잘 치면 된다.

그러던 어느 날, 지옥으로 간 친구에게서 전화가 왔다. "어이, 친구! 그곳에도 골프장이 있나? 지옥에도 골프장이 아주 많아. 그런데 말이지, 욕이 목까지 치밀어 오르네 그려. 글쎄, 이곳엔다 좋은데 골프공이 없지 뭐야. 골프장은 골프장인데, 완전 그림 속의 골프장이나 마찬가지야."

골사랑 씨는 그제야 알았다. 골퍼들에게 천국과 지옥은 '볼 하나'의 차이라는 사실을 말이다.

PART 03

확 깨는 프로골퍼의

한마디

Chapter 01

현명한 코스 공략이 스코어 줄인다

김경태

경기도 여주 솔모로 골프장 체리코스 5번 홀(파4·473야드)은 프로골퍼도 파 잡기 헉헉 대는 '마(魔)의 홀'이다. 길기도 하지만 티잉 그라운드 앞에 있는 그늘집 때문에 페어웨이가 전혀 보이지 않아 말 그대로 '눈먼 티샷'을 해야 한다. 좌우측은 모두 OB다. 더 기가 막힌 것은 오른쪽으로 휘어지는 도그레그 홀인데다 두 번째 샷으로 그린을 직접 노린다면 30m는 족히 넘는 나무들을 넘겨야 한다. 주말골퍼도 300야드 정도는 쳐야 나무의 방해를 받지 않고 그린을 공략할 수 있다.

PGA 챔피언 배상문도 2009년 솔모로오픈 1라운드 때 두 번째 샷으로 우측 나무를 넘기려다 나무를 맞고 OB가 나는 바람에 트리플보기를 범한 적이 있다. 당시 배상문은 이 홀 때문에 컷 탈락했다.

한국의 골프장 여러 홀들 중 가장 어렵고 가장 머리 쓰는 코스

주말골퍼, 똑바로 멀리치기!

공략이 필요한 홀인 것이다. 이 홀뿐 아니라 새로 개장하는 골프장 중에는 현명한 코스 공략을 요구하는 난해한 홀들이 많다. 이런 홀에서는 한국과 일본 남자골프 상금왕을 모두 차지했던 김경태처럼 전략적인 코스 공략이 유용하다.

김경태는 컨디션이 나쁠 때와 좋을 때의 코스 공략 법도 다르다.

첫째, '자신 있는 거리를 남기라'고 충고한다. 김경태는 90~130야드 정도 남았을 때 가장 자신 있는 샷을 한다. 만일 위험 요소가 많을 때는 굳이 드라이버를 잡지 않고 이 거리까지만 보내려고 한다. 물론 위험 요소가 없을 때는 그린에 최대한 가깝게 보낼 수 있도록 드라이버를 잡는다는 게 김경태가 말하는 똑똑한 코스 공략법 중 하나다.

둘째, 컨디션이 나쁠 때는 타깃을 넓힌다. 누구나 컨디션이 나쁠 때가 있다. 이럴 때 터무니없이 많은 스코어를 잃지 않기 위해 김경태는 타깃 범위를 넓힌다. 예를 들면 샷이 잘 맞을 때 타깃은 핀이 되지만, 샷 정확도가 떨어질 때는 핀보다 좀 더 넓은 원을 그려 타깃을 삼는다는 것이다. 샷이 최악일 때는 아예 그린을 하나의 타깃으로 삼는다.

세 번째는 내리막 퍼팅보다는 오르막 칩샷을 남기는 것이다. 골프장 중에는 그린 경사가 심한 곳이 있다. 이런 곳에서 중요한 것은 내리막 퍼팅을 만들지 말아야 한다는 것이다. 김경태는 "(그린보다) 짧거나 길게 치더라도 내리막 퍼팅을 만들지 않는 것이 타수를 잃지 않는 그린 공략"이라고 말한다. 오히려 오르막 칩샷을 남기는 것이 내리막 퍼팅보다 낫다는 설명이다.

김경태는 바람이 불 때나 컨디션이 나쁠 때 스윙에 안정성을 주기 위해 스탠스를 약간 넓힌다. 물론 대부분의 선수들이 하는 방식이기도 하다. 특히 김경태는 슬럼프에 빠졌을 때 스탠스를 넓히면서 정확도가 크게 좋아졌다고 한다.

티샷을 할 때 다음 샷을 고려해 일정한 지점을 노리는 것도 김경태의 현명한 코스 공략법 중 하나다. 김경태는 티샷을 할 때는 무조건 페어웨이 중앙만 보고 치는 것은 현명하지 못하다고 말한다. 티잉 그라운드에 올라섰을 때는 핀이 그린 어디에 꽂혀 있는지를 파악하는 게 우선이다. 그리고 그린을 공략하기 편한 위치로 공을 보내면 좋다. 그리고 편법을 피하고 자신만의 스윙을 하라고 강조한다.

Chapter 02

퍼팅 땐 임팩트 하지 마세요

유소연

골프 스윙은 어드레스, 백스윙, 백스윙 톱, 다운스윙, 임팩트, 팔로우 스루, 피니시까지 모두 7개의 구분 동작으로 나눌 수 있을 것이다. 이 중 어느 것 하나 중요하지 않은 게 없다. 하지만 없으면 안 될 단 하나를 꼽으라면 그건 '임팩트'라는 데 동의하지 않을 이는 없을 것이다. 공과 골프채 헤드가 맞닿지 않고는 일단 샷이 성립되지 않기 때문이다. 임팩트는 샷의 탄도, 방향, 세기 모든 것을 결정한다.

하지만 임팩트를 하지 말아야 하는 스윙이 있다면 어떤가? 답은 잠시 접어 두고 퍼팅에 도움이 될 만한 명구를 먼저 찾아보자. 퍼팅에 관한한 최고의 명구는 단연 '귀로 퍼트하라'일 것이다. 퍼팅한 후 홀로 가는 공을 쳐다보지 말고, 성공 여부는 공이 떨어지는 소리로 확인하라는 의미다. 프로골퍼조차도 결정적인 순간에는 그 찰나를 참지 못하고 머리를 따라가는 경우를 자주 볼 수 있다.

'네버 업 네버 인(Never up, Never in)' 역시 퍼팅 금언으로 최고다. 홀을 지나치지 않으면 공은 홀에 들어가지 않는다는 너무 당연한 의미지만, 이보다 더 퍼팅에 대한 깨달음을 주는 명구가 없다. 그에 못지않게 퍼팅에 대한 깨달음을 주는 말이 있다. '스윙 중 유일하게 임팩트가 없는 것이 퍼팅'이란 말이다.

누군가 예전에도 이런 표현을 한 선수가 있을 수 있지만 가장 최근에는 LPGA 스타 유소연에게서 들었다. 여기서 임팩트는 공과 골프채 헤드가 맞닿는 동작에 의미를 두는 게 아닐 것이다. 공과 골프채 헤드가 만날 때 힘을 가하느냐 않느냐, '세기'에 관한 뜻이 포함된다. 임팩트 뜻 그대로 '충돌'의 의미가 강하다. 더욱이 때리는 퍼팅을 하는 주말골퍼라면 이 말에 동의하지 않을 지도 모르겠다. 때리는 퍼팅을 하는 골퍼에게는 분명히 임팩트가 존재하기 때문이다. 상당수 주말골퍼가 임팩트 때 힘으로 거리 조절을 하기도 한다.

사실 아주 멀리 있는 홀을 퍼터로 공략할 상황에서는 임팩트 때 힘을 주면서 때리지 않고는 홀까지 보내지 못할 수도 있다.

때리는 퍼팅은 느린 그린에서는 좋지만 이 감각이 습관이 되면
빠른 그린에서는 적응하기 어렵다.

이런 때 분명 '충돌'의 의미인 임팩트가 있는 것이다. 한국처럼 4

계절이 뚜렷해서 그린 상태가 계절마다 다른 곳에서는 잘 구르

지 않을 때가 많아서 때리는 퍼팅을 하는 골퍼가 의외로 많다.

하지만 빠른 그린에서는 임팩트 없이 부드럽게 굴리는 퍼팅이 절대적으로 필요하다. 유소연은 "때리는 퍼팅은 느린 그린에서는 좋지만 이 감각이 습관이 되면 빠른 그린에서는 적응하기 어렵다"고 설명한다. 유소연은 볼이 퍼터에 맞아 나가는 것은 맞지만 이 느낌이 '딱' 때리는 임팩트가 되면 안 된다고 강조한다.

퍼팅 스트로크는 굴려준다는 느낌으로 해야 한다는 것이다. 그냥 연습 스트로크를 하고 있는 데, 갑자기 공이 나타났다고 생각해보라. 그럼 공은 물 흐르듯이 자연스럽게 앞으로 나갈 것이다.

이런 스트로크를 강조하는 선수가 한 명 또 있다. 이따금 눈을 감고 퍼팅하는 LPGA 스타 수잔 페테르손이다. 눈을 감고 퍼팅하면 절대 임팩트 세기로 거리를 맞출 수 없다. 눈을 감으면 무념무상의 임팩트 없는 퍼팅 스트로크를 좀 더 효과적으로 할 수 있다.

'귀로 퍼트하라'나 '네버 업 네버 인(Never up, Never in)'이란 퍼팅 명구도 곰곰이 떠올려 보면 '임팩트 없는 퍼팅'과 느껴지는 이미지가 별로 다르지 않다. 물 흐르듯 부드러운 퍼팅, 그게 바로 임팩트 없는 퍼팅이다.

 주말골퍼, 똑바로 멀리치기!

Chapter 03

가장 편한 게 최고의 스윙

박인비

LPGA 톱골퍼인 박인비를 볼 때마다 궁금한 게 있다. 위기 때도 전혀 변함없는 얼굴 뒤에 가려진 그의 마음도 표정처럼 흔들림 없을까 하는 점이다. '포커페이스'란 바로 박인비의 얼굴을 두고 하는 말일 것이다.

얼굴만이 아니다. 걸음걸이나 행동, 심지어 샷마저 어떤 상황에서도 흔들림이 없다. 특히 그의 스윙을 보면 골프 참 쉽다는 생각이 든다. 백스윙 때 골프채를 살짝 들었다가 '툭' 내려놓으면서 스윙하는 것 같은데, 공은 멀리 똑바로 날아간다. 타이거 우즈의 파워 스윙, 미셸 위의 카리스마 넘치는 스윙, 존 댈리의 오버 스윙, 심지어 짐 퓨릭의 8자 스윙 어느 것 하나 따라 하기 힘들어 보이지만 박인비 스윙은 누구나 금방 흉내낼 수 있을 것 같다.

위기 상황에서도 침착할 수 있는 가장 큰 이유는 분명 좀처럼 흔들릴 줄 모르는 편안한 스윙을 갖고 있기 때문일 것이다. 탄탄한 스윙이 받쳐주기 때문에 어떤 상황이 와도 자신감이 넘친다.

스윙 교본으로 통하는 어니 엘스의 스윙을 '물 흐르는 듯한 스윙'이라고 한다면 박인비의 스윙은 '자연 그대로의 스윙'이라고 부를 만하다. 아니 '인간 그대로의 스윙'이라는 게 더 맞을 수도 있겠다.

박인비의 얘기를 들으면 그의 스윙을 어느 정도 이해할 수 있다. "골프 스윙은 빠르다고 무조건 좋은 것은 아닌 것 같다. 스윙은 자기가 가장 편해야 한다. 그래야 공을 잘 맞출 수 있고 힘도 실어줄 수 있다."

박인비 스윙을 한마디로 표현한다면 '리듬의 스윙'이다. 멀리 치려고 힘을 주지도 않고, 그렇다고 스윙 속도가 골프채에 따라 달라지지도 않는다. 항상 같은 리듬으로 골프채를 던져주기 때문에 정교한 샷이 가능한 것이다.

박인비 스윙은 또 느림의 스윙이다. 백스윙하는 것을 떠올려 보라. 먹이를 찾은 맹수가 몰래 사냥감에 다가가는 것처럼 아주 천천히 골프채를 들어 올린다. 그리고 많이 들어 올리지도 않는다. 4분의 3 정도 백스윙하는 것 같지도 않다. 절반 조금 더 들어 올렸다가 다운스윙으로 연결한다. 박인비 스스로도 "내가 생각해도 내 스윙이 느리고 독특하긴 하다"고 한 적이 있다. 하지만 먹이를 향해 돌진할 때는 맹렬하다. 임팩트만큼은 힘이 넘친다. "골프 스윙에서 중요한 부분은 임팩트 부근의 헤드 스피드"라고 자주 강조한다.

박인비 스윙이 주말골퍼에게 던져주는 시사점은 많다. 그중 하나가 바로 간결한 백스윙이다. 백스윙을 할 때 전혀 서두를 필요가 없다는 사실은 만고불변의 진리 같은 것이다. 그리고 결코 크게 할 이유도 없다. 다만 팔로만 골프채를 들지 말고 어깨 회전으로 백스윙해야 한다는 것을 잊지 않으면 된다.

또 한 가지 중요한 것은 '스윙은 회전'이란 사실이다. 박인비 스윙이 너무 편하게 보이는 것은 바로 철저하게 몸통 회전을 통해 스윙이 이루어지기 때문이다. 파워 넘치는 스윙은 잊어라.

Chapter 04

골프는 처음도 리듬, 마지막도 리듬

최경주

'탱크' 최경주는 결코 '만족'이란 단어를 모른다. 욕심이 많다는 얘기가 아니다. 바꾸고, 변신하고, 도전하는 것을 두려워하지 않는다는 말이다. "실패를 하더라도 (도전) 해보고 후회하는 것이 낫다"는 게 평소 최경주의 지론이다. 제5의 메이저대회로 불리는 플레이어스 챔피언십을 포함해 PGA투어에서 8승을 거둔 것도 모두 이런 도전정신의 결과다.

최경주에게는 확실한 스윙 철학과 골프 철학이 있다. 최경주가 가장 강조하는 스윙 제1 원칙은 '리듬이 가장 중요하다'는 것이다. 그의 표현을 그대로 옮기자면 자신의 스윙은 '테크니컬한 스윙이 아니라 리드미컬한 스윙'에 있다. 왕년의 황제 잭 니클라우스조차도 리듬감 있는 스윙을 하는 골퍼로 로리 매킬로이, 필 미켈슨과 함께 최경주를 꼽기도 했다.

최경주 스윙은 힘이 넘치지도, 그렇다고 아름답지도 않다. 하지만 그의 스윙은 언제나 똑같다. 크지도 작지도 않고, 빠르거나 늦지도 않다. 그의 스윙에 일관성을 주는 것은 바로 리듬이다. 역도선수 출신인 최경주는 미국 진출 초기만 해도 힘으로 밀어붙이는 '후려 패는' 스타일의 스윙을 했다. 그러나 이를 고치기 위해 힘들이지 않고도 파워를 낼 수 있는 '리듬 스윙'에 훈련의 초점을 맞췄다.

그는 스윙 템포를 '계단 오르내리기'에 비유했다. 두 팔을 자연스럽게 흔들면서 일정한 보폭으로 걷거나 또박또박 계단을 오르는 것처럼 늘 일정하게 유지해야 하는 것이 올바른 스윙 템포라는 것이다. 최경주는 또 '스윙은 회전'이라고 강조한다. "스윙의 메커니즘은 그냥 도는 것입니다. 내 스윙 교정은 스윙을 바꿔주는 것이 아닙니다. 돌면서 좋아지는 것입니다."

그러면서 최경주는 자신을 '필(feel) 플레이어'라고 표현했다. 최경주는 "샷의 방향을 억지로 만들려고 하지 말아야 한다"고 말한다. 최경주가 또 강조하는 것은 '본능적인 스윙을 하라'는 것이다. 최경주는 한국 골퍼들의 스윙이 세계 어느 나라 보다 아름답다고 칭찬한다. 하지만 2%로 부족한 것도 역시 공존한다고 말한다. 최경주가 강조하는 2% 부족한 점은 '너무 기계적'이라는 것이다.

백스윙을 할 때도 "어깨는 그저 돌아가는 대로 놔둬야 한다. 억지로 돌린다고 해서 좋은 스윙을 할 수 있는 것이 아니다"고 말한다. 최경주는 또 "결과에 순응하는 골프를 해야 한다"고 주장한다. "내 샷은 똑바로 가본 적이 없습니다. 이걸 고쳐보려고 스윙을 억지로 만들려고 해서는 안 됩니다. 공이 왼쪽으로 가면 그대로 방향만 오른쪽으로 조금 틀어주면 되는 것입니다."

비록 예상치 못한 결과가 나올 지라도 거기에 빠져 있을 필요가 없다는 것이다. '다음 홀에서 만회하면 되지'라는 긍정적인 생각이 최경주 골프의 힘이다. 최경주는 자신이 퍼팅 능력을 타고나지는 않았다고 여긴다. 그래서 다양하게 퍼팅 스타일도 고쳐보고 퍼터도 교체한다. 최경주처럼 퍼터나 퍼팅 스타일을 자주 고치는 선수도 별로 없을 것이다. 퍼팅을 못하는 것에 대해서도 그는 긍정적이다. 이 긍정적인 마인드가 최경주 골프 철학의 가장 중요한 부분이다.

Chapter 05

실제 스윙과 연습 스윙을 일체화하라

양용은

제주가 낳은 세계적인 프로골퍼 양용은이 2009년 시즌 마지막 메이저대회인 PGA 챔피언십 3라운드를 끝냈을 때 얘기다. 양용은이 당시만 해도 모든 골퍼들에게 '붉은 색 셔츠의 공포'를 느끼게 하던 골프 황제 타이거 우즈에 2타 뒤진 2위에 오르자 한 친구가 물었다.

"내일도 타이거 우즈가 우승컵을 들어 올리겠지? 메이저 대회에서 선두에 나서고 한 번도 역전패 당해 본 적이 없잖아." 친구에게 이런 얘길 해줬다. "이번에는 좀 다를 걸. 우즈가 호랑이라면 양용은은 한번 물면 놓지 않는 사냥개 같은 스타일이거든. 겁 같은 건 이미 국에 말아 먹어 버렸을 걸."

양용은은 후에 이런 마음을 먹었다고 얘길했다. "그래, 한번 해보자. 아님 말지 뭐. 오히려 겁을 먹은 쪽은 우즈일테니까. 난 손해날 게 없어." 우즈는 다음 날 배짱 좋은 사냥개(?)에 물리고 나서 한동안 부진에서 벗어나지 못했다. 양용은과 라운드를 한 번 한 적이 있다. 물론 메이저대회에서 우승하기 전이다.

그때 후반 9홀에서 내기를 했다. 양용은은 웨지 하나만으로 모든 샷과 퍼팅을 하고, 기자는 모든 골프채를 사용하는 불공정한 게임이었다. 하지만 참패를 당한 것은 기자였다. 웨지로 티샷을 하는 데 정말 기가 막혔다. 공을 티에 낮게 올려 놓고는 웨지 날로 공 가운데를 겨누더니 도끼로 장작을 패듯 샷을 하는 게 아닌가. 어떤 때는 기자의 드라이버 티샷보다 멀리 날아갈 때가 있다. 그제야 알았다. 그 불공정한 게임에서 불이익을 당한 쪽은 웨지 하나만 사용하는 미래의 메이저대회 챔피언이 아니라 '웨지날 티샷'에 이미 겁을 먹은 기자 쪽이었다는 사실을 말이다.

후에 양용은은 기자의 스윙을 보고 이런 이야기를 했다. "형님은 연습 스윙과 실제 스윙이 너무 차이가 나는 것 같아요. 그걸 하나로 일체시켜보세요. 그럼 엄청 결과가 달라질 겁니다.

실제 스윙을 최대한 빈 스윙과 비슷하게 하는 것이 주말골퍼들이 골프 실력을 늘리는 지름길이라는 것이다. 자신도 "라운드 전 빈 스윙을 최대한 많이 하다 보면 실제 스윙에서도 빈 스윙

을 많이 연습한 효과를 본다"고 했다. 그러면서 빈 스윙 테크닉
을 제시했다.

　"일단 골프채 하나를 갖고
빈 스윙을 20~30차례 하는
겁니다. 그러고 나서 이번에
는 두 개를 한꺼번에 잡고 똑
같이 20~30번 빈 스윙을 해
보세요. 이렇게 하다 보면 몸
에 빈 스윙이 입력돼, 실제 스
윙을 할 때도 최대한 비슷하
게 출력되는 것입니다." 양용
은은 "골프채 헤드로 공을 세
게 쳐야 한다는 강박관념이
주말골퍼의 스윙을 방해한
다"고 봤다. 그러면서 "스윙
은 그저 공 있는 자리로 헤드
가 돌아가게 하면 되는 것"이
라고 설명했다.

실제 스윙과 연습 스윙을 일체화하면 스코어를
줄이는 데 큰 도움이 된다.

이 말을 듣고서 실제 스윙을 연습 스윙과 최대한 비슷하게 하려고 노력했다. 하지만 그로부터 한참 지난 어느 날 라운드. 이번에는 동료가 "연습 스윙은 좋은데 실제 스윙은 왜 그래?"란다. 내 스스로는 실제 스윙을 연습 스윙에 맞추려고 무던 애썼지만 실제로는 그게 제대로 안 되고 있었던 것이다.

그것은 놀라운 깨달음이었다. 내 상상 속으로만 실제 스윙을 연습 스윙과 비슷하게 하려한 것도 내 스윙에 엄청나게 도움이 되고 있었던 것이다.

Chapter 06

굴릴 수 있을 땐 무조건 굴려라

김대섭

벌써 10년이 다 되어 가는 얘기다. 2006년 5월 한창 잘나가던 25세 김대섭은 골프 인생의 전환점이 된 특별한 경험을 했다. SK텔레콤오픈에서 10대 천재 골프소녀 미셸 위와 성 대결을 벌인 것이다. 1, 2라운드 결과 김대섭은 성적으로 보나 드라이버 샷 거리로 보나 미셸 위에게 한 수 뒤졌다는 평가를 받았다. 성 대결에서 처음으로 컷 통과를 한 미셸 위의 희생양이 되고 만 것이다.

그 후 김대섭은 오랜 슬럼프에 빠졌고 지독한 마음고생을 했다. 하지만 당시의 경험이 현재의 김대섭에게는 오히려 약이 됐다. 굳이 장타를 치지 않고도 숏게임으로 좋은 스코어를 낼 수 있는 이른바 '김대섭식 골프'가 탄생한 것이다.

그의 '짠 골프'의 핵심은 그린 주변 칩샷이다. 김대섭 칩샷의 가장 큰 특징은 가급적 굴린다는 점이다. 그린 근처에서 그의 손에는 거의 대부분 52도 웨지가 들려 있다. 그린 근처에서 레귤러 온을 시키지 못했을 때 파세이브를 하는 비장의 무기인 셈이다. 김대섭은 다양한 채로 샷을 하는 것보다 하나를 자유자재로 구사할 수 있는 게 현명하다고 판단한다.

김대섭은 굴려서 붙일 때는 감이 상당히 중요하다고 생각한다. 그럼 김대섭은 어느 정도 띄우고 어느 정도 굴릴까. 20야드가 남았다고 치자. 보통 프로골퍼라면 8, 9야드 정도 띄우고 나머지를 굴려 보낸다. 하지만 김대섭은 5야드쯤 띄우고 15야드를 굴려서 보낸다.

그렇다고 다른 선수와 어드레스나 샷 동작이 특별히 다르지 않다. 체중은 왼쪽에 두고, 공은 오른쪽에 위치한다. 다만 굴릴 때는 이 셋업을 좀 더 확실하게 한다. 공은 확실히 오른쪽에, 체중은 확실히 왼쪽에 두는 식이다. 공을 많이 굴리기 위해서 클럽을 닫는다든가 하는 변화를 주지 않는다. 굴릴 때 닫아놓고 치면 방향성이 틀어질 수 있다는 것이다. 그리고 약간 찍어 치듯이 샷을 한다.

"정확히 표현하기가 쉽지 않은데, 딱딱 끊어 치는 느낌이랄까요. 그리고 거리 조절은 폴로스루로 합니다. 멀리 보낼 때는 폴로스루를 길게 가져가고, 짧게 칠 때는 폴로스루를 짧게 하는 식입니다." 물론 앞에 벙커나 해저드 같은 장애물이 있을 때는 로프트 큰 채를 갖고 로브샷을 시도한다. 이땐 58도 웨지를 사용한다.

평소 강한 그립을 하는 김대섭은 그린 근처에서는 뉴트럴 그립으로 바꾼다. 뉴트럴 그립은 양손이 서로 마주보는 형태로 채를 잡는 방식이다. 드라이버샷을 할 때는 강한 임팩트를 가져가기 위해서 많은 골퍼들이 훅그립을 하지만 그린 근처에서는 오히려 샷의 정확도만 떨어뜨린다고 판단하기 때문이다.

뉴트럴 그립은 오른손 엄지와 검지가 만들어 내는 '역 V자'는 오른쪽 어깨 끝을, 왼손 엄지와 검지가 만들어 내는 '역 V자'는 오른쪽 귀를 향하게 된다.

다음은 김대섭이 말하는 퍼팅 비법. 김대섭은 일단 일반적인 스윙을 할 때처럼 퍼팅 때도 오른쪽 어깨가 왼쪽 어깨보다 낮은 골퍼들을 자주 볼 수 있다고 지적한다. 그럼 다음과 같은 실수가 자주 나온다. 일단 똑바로 정렬하기 어렵다. 약간 오른쪽을 겨냥하게 된다. 또 스트로크의 최저점이 왼발이 아닌 오른발쪽에서 이뤄진다. 약간 깎여 맞기 때문에 거리도 맞추기 어렵고 슬라이스가 나게 된다. 깎아 치는 타법은 짧은 퍼팅을 할 때 특히 치명적이 될 수 있다.

김대섭은 약간 어정쩡하게 보일지는 모르지만 퍼팅 셋업 때는 양 어깨가 지면과 평행한 게 가장 좋다고 말한다. 또 무게 배분도 너무 오른쪽에 치우치지 말고 왼발 55 대 오른발 45 정도로 하는 게 퍼팅 성공률을 높인다고 설명했다.

김대섭은 공과 멀리 서서 퍼팅하는 스타일이다. 공과 멀리 서다 보면 아무래도 팔꿈치가 몸에서 떨어지는 문제가 생길 수 있다. 하지만 김대섭은 몸과 팔이 따로 놀아서는 안 된다고 말한다. 겨드랑이만큼은 항상 몸에 붙이고 퍼팅한다. 퍼팅은 손목을 쓰지 말고 어깨를 움직이면서 쳐야 한다는 레슨은 절대 거스르지 말아야 할 기초라는 것이다.

Chapter 07

하체는 축, 상체는 원운동

강욱순

40대 중반을 넘긴 강욱순은 '나이는 숫자에 불과하다'는 사실을 성적으로 증명하고 있는 몇 안 되는 프로골퍼 중 한 명이다. 20대 초반 선수들이 판을 치고 있는 남자골프 무대에서 40대 노장이 좋은 성적을 내며 버티기란 정말 여간 힘든 게 아니다. 티샷을 날리고 나면 거리만 무려 30~50야드 차이가 난다. 짧은 거리를 만회하려면 정말 혼신의 힘을 쏟아 부어야 한다.

그가 롱런할 수 있는 힘은 어디에 있는 것일까? 정신력에서 원동력을 찾을 수도 있지만 몸에 무리가 가지 않는 부드러운 스윙도 그를 지탱하는 힘이다. 부드러운 스윙을 하면 나쁜 점도 있다. 바람이 강하게 불거나 비가 쏟아질 때는 공에 힘이 실리지 않아 좋은 성적을 내지 못한다.

강욱순 스스로도 비가 올 때는 젊은 선수들과의 경쟁이 더 버겁다고 호소한다. 하지만 아마추어골퍼에게 부드러운 스윙만

'강욱순표' 부드러운 스윙의 핵심은 하체가 축이 되고 상체가
원을 그리면 좋은 스윙을 할 수 있다는 것이다.

큼 필요한 게 없다. '강욱순표' 부드러운 스윙의 핵심은 간단하

다. 하체가 축이 되고 상체가 원을 그리면 좋은 스윙을 할 수 있

다는 것이다. 골프 스윙의 기본은 원운동이라는 것을 충실히 따

   주말골퍼, 똑바로 멀리치기!

르는 이론인 셈이다. 그리고 하체에 힘을 실어 주는 게 필요하다고 봤다.

하체를 단단히 잡아두면 스윙의 정확도를 높일 수 있는 장점이 있다. 프로골퍼들이 일반인 몇 배나 두꺼운 허벅지를 갖고도 하체 훈련에 게을리 하지 않는 이유가 여기에 있다. 그 하체가 장타 뿐 아니라 정확도도 높여 주는 힘이 되기 때문이다. 그래서 강욱순은 동계훈련 기간이면 산을 오르고 내리는 수고를 아끼지 않는다. 하체를 단단히 잡는 것으로 모든 게 해결되지는 않는다. 상체가 얼마나 제대로 된 원을 그릴 수 있느냐가 관건이다. 상체를 좌우, 상하 스웨이 없이 원운동을 할 수 있다면 공은 알아서 똑바로 멀리 날아가게 된다.

공을 좀 더 멀리 보내려고 상체에 무리한 힘을 주는 것이 샷을 망가뜨리는 원인이 된다. 정확도도 떨어질 뿐 아니라 거리도 줄어든다. 공이 높이 뜨지 않고 낮게 날아가는 것은 대부분 상체를 원활하게 회전시키지 않고 공을 때리려 하기 때문에 나온다.

연습 스윙 할 때를 그려보라. 그때 공을 때리려는 골퍼는 거의 없다. 상체가 아주 부드럽게 원을 그리면서 스윙을 하게 된다. 하지만 다시 놓인 공을 칠 때가 되면 공을 멀리 보내야 한다는 강박관념에 때리게 된다. 연습 스윙과는 180도 다른 스윙을 하게 되는 것이다. 스윙은 회전이라는 것을 깨닫기 위해 가장 좋은 이미지 트레이닝은 무엇일까? 프로골퍼들이나 교습가들은 '연습 스윙을 하고 있는데 공이 갑자기 나타나서 헤드에 맞아 날아가는 것을 상상하라'고 말한다. 그래야 연습할 때의 바로 그 스윙으로 샷을 할 수 있게 된다.

Chapter 08

벙커샷 거리 조절은 백스윙 크기로

장익제

경기도 이천에 위치한 휘닉스 스프링스 골프장의 벙커 숫자는 무려 108개나 된다. 어떤 홀 티잉 그라운드에서는 벙커 밖에 보이지 않아 도대체 어느 쪽으로 공을 보내야 할지 막막할 정도다. 벙커샷에 자신 없는 주말골퍼라면 일찌감치 이 골프장에서 좋은 성적을 내겠다는 마음을 버리는 게 현명하다.

신설 골프장은 대부분 고난도의 벙커샷 실력을 요구한다. 당연히 벙커샷 능력이 스코어를 좌우한다. 하지만 벙커샷에 자신 있는 주말골퍼는 별로 없다. 주말골퍼는 왜 벙커샷에 두려움을 느끼는 것일까?

가장 큰 이유는 연습 부족일 것이다. 그리고 자신감 부족은 연습량 부족에서 온다. 흔히 벙커샷 잘하는 프로골퍼로 최경주를 거론한다. 고향 완도 앞바다 모래밭에서 갈고 닦은 그의 명품 벙커샷은 세계 최고로 인정받는다. 여기에 최경주 못지않게 벙커샷을 잘하는 남자 골퍼가 또 있다.

일본프로골프투어(JGTO)에서 활약하는 장익제다. 그는 2012 년 샌드 세이브율 57.73%로 5위에 올랐고, 2011년에도 57.30% 로 10위였다. 장익제가 벙커샷을 할 때 주말골퍼에게 가장 강조 하는 것은 자신감이다. 그는 공이 러프에 들어갔을 때보다 벙커 에 들어갔을 때를 더 좋아한다.

최경주와 생각이 비슷하다. 최경주나 장익제 모두 벙커를 해 저드로 보지 않는다. 어떤 상황에서는 아예 그린 근처 벙커를 보고 샷을 한다. 물론 처음부터 벙커에 넣겠다는 의도는 아니 다. 핀에 붙지 않을 경우 벙커에서 파세이브를 노리겠다는 의도 다. 이런 생각은 자신감으로 표출된다.

반대로 주말골퍼들은 벙커에만 들어가면 이미 1타를 잃었다 고 지레 겁을 먹는다. 자신감을 잃게 되면 베스트 샷을 기대하 기 힘들다. 자신감이 부족하면 스윙 역시 부자연스럽고 심지어 스윙을 하다가 멈추는 경우도 나온다. 이때 만일 뒤땅 샷이 나 오면 공은 벙커를 벗어나지 못하고 클럽에 직접 맞으면 그린을 훌쩍 넘는 '홈런'이 나온다.

장익제는 주말골퍼들의 또 다른 문제점으로 바운스(샌드웨지 밑 뭉툭한 부분)로 치지 않고 날로 치는 경향을 꼽는다. 이렇게 치면 스핀이 잘 들지 않는다. 기술적인 부분으로 오면 가장 중요한 것이 벙커샷 거리 조절은 스윙 크기로 해야 한다는 점이다. 짧은 샷은 백스윙도 짧게, 긴 벙커샷은 백스윙을 길게 해야 한다는 의미다.

먼저 짧은 벙커샷을 보자. 짧은 벙커샷은 손목을 많이 써야 한다. 스윙은 가파르게 올라갔다가 가파르게 내려오는 'V'자 스윙 느낌이 들어야 한다. 긴 벙커샷은 반대로 'U'자 스윙 느낌이 들게 완만하게 올라갔다가 완만하게 내려오면 된다. 그리고 이때 가급적 손목은 쓰지 않는 편이 좋다.

3~5cm 뒤를 겨냥하고 스탠스를 오픈하는 것은 벙커샷의 기본이다. 장익제는 또 벙커샷을 할 때 헤드 무게를 느끼는 것을 잊지 말라고 충고한다. 자신감을 갖고 헤드 무게를 느끼면서 공 뒤쪽 3~5cm 지점을 쳐 주면 공은 알아서 벙커를 탈출한다는 것이다. 스윙 크기로 거리를 조절할 수만 있다면 파세이브를 노릴 수 있는 위치에 공을 떨어뜨릴 수 있다.

Chapter 09

정확도 높이려면 하체 덜 써라

최나연

TV에서 흑백 화면으로 옛 스타들이 스윙하는 것을 보면 실소를 감추지 못하게 된다. 마치 스텝을 밟으면서 춤을 추는 듯 스윙하기 때문이다. 옛 스윙과 현대 스윙의 가장 큰 차이점은 무엇일까? 예전에는 하체를 많이 쓰는 스윙을 했다면 요즘은 상체를 많이 쓴다는 점이 차이일 것이다.

현대 스윙은 하체를 단단히 잡아 주면서 정확성을 높이고 대신 상체 꼬임을 최대로 한 상태에서 거리를 낸다. LPGA 스타 최나연의 스윙은 '아름답다'고 표현하기에는 2% 부족한 면이 있다. 스윙은 좀 느려 보이는 편이고 스윙 아크도 작지 않다. 다소 왜소해 보이는 체구지만 짧지 않은 샷 거리는 아마도 큰 스윙 아크와 파워 임팩트에서 나오는 것이다.

사실 최나연의 스윙 아크가 큰 데에는 나름대로 이유가 있다. 바로 긴 팔이다. 키가 비슷한 선수들과 팔 길이를 비교해보면 최나연이 5cm 정도 더 길다. 주니어 시절 하루 1,000개 이상 볼을 치면서 팔 길이가 길어졌다는 것이 이유다. 상대적으로 긴 팔 덕분에 큰 스윙 아크를 그릴 수 있는 셈이다.

하체를 고정하고 상체 위주로 하는 그의 스윙은 충분히 '현대적'이라고 할 만하다. 최나연은 장타를 치지는 않지만 정교함은 2인자라면 서러울 정도다. 2012년 그의 그린적중률은 72.7%로 9위에 올랐다.

최나연이 정확한 샷에는 나름대로 비결이 있다. 최나연은 초등학교 4학년 시절부터 6년간 경기도 용인 프라자 골프장 라이언 코스에서 샷을 갈고 닦았다. 라이언 코스에서 라운드를 경험한 골퍼라면 알 것이다. 거리는 짧지만 페어웨이가 좁아 정교한 샷을 갖고 있지 않으면 상당히 곤혹을 치르는 곳이다.

이런 곳에서 연습을 한 최나연으로서는 정교한 샷을 가질 수밖에 없었을지 모른다. 최나연이 정확한 샷을 위해 가장 중요하게 여기는 것은 하체 고정이다. 하체보다 상체 위주의 스윙을 하는 것이 바로 최나연의 정확한 샷의 근본인 셈이다.

최나연은 백스윙 때 손이 허리의 연장선에 다다를 때까지 하체를 거의 이동하지 않는다. 다운 스윙은 부드럽게 시작하고,

가슴 정도에 양손이 다다랐을 때 본격적인 스피드를 낸다. 물론 억지로 힘을 주는 느낌이 아니라 그저 속도를 빠르게 해준다는 기분으로 해야 한다고 말한다.

만약 세게 칠 생각으로 다운스윙을 시작할 때 과도하게 힘을 주면 엎어 치는 잘못을 저지르기 쉽다. 임팩트 전에 힘을 모두 소모하는 우도 범하게 된다. 상체 위주의 스윙을 하게 되면 아무래도 정확도에 치명적인 상하 스웨이를 방지할 수 있는 장점도 있다. 주말골퍼의 샷을 엉망으로 만드는 헤드업 역시 상체 위주의 스윙에서는 크게 줄일 수 있다.

최나연은 "다운스윙 때 무릎의 각도를 변함없이 유지하면 상하 스웨이를 방지할 수 있다"고 말한 적이 있다. 또 스윙할 때 리듬을 상당히 중시하는 편이다. 최나연 스윙이 최경주와 언뜻 비슷하다고 느끼게 되는 이유도 둘 다 리듬을 강조하기 때문일 것이다.

Chapter 10

칩샷 굴릴 땐 오른쪽 손바닥이 아래 향해야

류현우

띄울 것인가? 굴릴 것인가? 공이 온그린되지는 않았지만 그린 근처로 갔을 때 이런 고민부터 하게 된다. 로프트가 높은 웨지로 공을 띄워서 붙이고도 싶고, 아니면 8번이나 7번 아이언으로 굴려서 '기브 거리'에 붙이고도 싶어진다.

어떤 게 더 유리할까? 2013년 GS칼텍스 매경오픈 우승자 류현우는 자신의 장기를 어프로치 샷과 숏게임이라고 주저 없이 말하는 선수다. 특히 공을 세우는 기술은 한국 최고라고 자부한다. 류현우는 그린 근처에서 핀을 공략할 때 우선 띄울 것인지 굴릴 것인지를 먼저 정하는 게 중요하다고 봤다. 국내 숏게임 마술사로 통하는 김대섭처럼 류현우도 가급적 굴리는 샷을 선택한다.

공을 굴려서 핀에 붙일 때 류현우는 손 감각을 중시한다. 가장 중요한 포인트는 오른 손바닥이다. 백스윙를 할 때 오른 손바닥이 공을 보고 있는 느낌을 가져야 한다는 것이다. 그러면 헤드는 자연스럽게 닫히게 된다. 임팩트 때도 오른 손바닥으로 치는 느낌이 들어야 한다는 게 류현우가 밝힌 굴릴 때 핀에 붙이는 비법이다. 그리고 왼손은 손 등으로 공을 치는 느낌이 들면 금상첨화다.

류현우는 임팩트 후에도 오른 손바닥이 계속 땅을 쳐다보고 있는 느낌이 드는 게 좋다고 말한다. 이렇게 하면 굴러 가는 게 많아져서 조절하기 쉽다는 것이다. 공을 띄워 칠 때 역시 손바닥 감각이 중요하다고 봤다. 대신 굴릴 때와 반대로 손바닥이 하늘을 보게 한다. 테이크 백을 할 때는 물론, 임팩트와 팔로 스루를 할 때도 손바닥은 위를 향한다는 느낌이 들어야 한다.

공을 높이 띄우고 싶을 때는 페이스를 충분히 열고, 아웃사이드로 빼는 것이 중요하다고 봤다. 그리고 임팩트는 벙커샷 하듯이 깎아 치는 게 포인트다. 웨지를 퍼터 그립을 잡듯이 하는 '퍼트 칩'은 아마추어의 전용물이 아니다. 류현우 역시 가끔 긴 채를 잡고 굴리는 샷을 한다.

그가 선택하는 클럽은 52도부터 7번 아이언까지다. 류현우가 7번 아이언을 잡을 때는 핀이 그린 뒤쪽에 있을 때다. 그린 위에

　　　　　　　　　　　주말골퍼, 똑바로 멀리치기!

서 구를 수 있는 충분한 공간이 확보될 때는 긴 채를 잡고 최대한 많이 굴러서 가게 한다. 3분의 1 정도 날아가 떨어져서 3분의 2정도 굴러가게 하는 게 그의 7번 아이언 퍼트 칩 요령이다. 핀이 점점 가까워져 굴러갈 그린 공간이 줄면 8번, 9번, 피칭 순으로 바꿔 잡는다.

하지만 그가 긴 채를 잡을 때는 그린이 아주 클 경우다. 그린이 작은 곳에서는 58도 웨지를 주로 사용한다. 좀 더 굴리고 싶을 때는 페이스를 세우고, 반대로 좀 더 띄우고 싶을 때는 페이스를 눕혀 거리 조절을 한다는 설명이다. 그가 한국 최고라고 자랑하는 '띄워 세우는 샷'은 아마추어 골퍼는 따라하기 어려울 정도로 난도가 높다.

그의 표현대로라면 클럽 페이스를 완전히 눕히고 그 헤드 모양이 그대로 올라갔다가 그대로 땅으로 내려오듯 샷을 해야 한다. 프로골퍼조차 그에게 이 샷을 가르쳐 달라고 할 정도로 어렵다. 고수가 아니라면 따라하지 않는 게 오히려 타수를 줄이는 방법일 수 있다.

PART 04

알면 유익한
내기골프의 심리

Chapter 01

내기골프에 강한 퍼팅 팁 8가지

"영어 안 나오네." 공을 OK 거리에 갖다 놓고 '기브'를 바라면서 누군가 묻는다. 그럼 상대 입에서 이런 말이 나온다. "마크." 한 번 더 퍼팅하란 소리다. 요즘 누군가는 이런 말로 대신한다. "화이팅." 격려해주는 그 단어 역시 한 번 더 퍼팅하란 소리다. 이게 "마크"보다 더 힘 빠지게 한다. 솔직히 짧은 퍼팅이 빠지길 바라는 마음일 텐데 "화이팅"이라니. 속이 훤히 들여다보인다.

드라이버는 쇼가 아닐지라도 퍼팅은 분명 돈이다. 2온 3퍼트를 하면 무슨 소용이 있겠는가. 3온 1퍼트한 골퍼에게 돈을 내줘야 한다. 퍼팅이 내기 골프에서 가장 중요하다고 해도 틀린 말이 아닐 것이다. 내기 골프에 강해지는 퍼팅 팁 8가지다.

1. 중압감이 있을 때 가장 중요한 것은 부드러움과 폴로스루다

내기를 하게 되면 평소 퍼팅 스트로크를 그대로 하기 힘들다.

압박감이 어깨를 짓누르기 때문이다. 이럴 때 가장 중요한 것은 물처럼 부드럽게 흐르는 퍼팅 스트로크다. 긴장감이 올 때는 임팩트 후 폴로스루가 짧아지는 경향이 있다고 한다. 끝까지 폴로스루 하는 것을 잊지 말아야 한다.

2. 임팩트 존에서는 오른손으로 쭉 밀어준다는 느낌을 가져라

긴장할 때 퍼팅을 하면 보통 퍼터를 몸 쪽으로 당기게 된다. 이런 실수를 줄이려면 오른손으로 쭉 밀어주는 느낌으로 퍼팅을 해야 한다. 그래야 정확도도 높이고 임팩트는 물론 폴로스루를 확실하게 가져갈 수 있다.

3. 스트로크 할 때는 손목 움직임을 자제하라

퍼팅을 할 때는 팔과 어깨로 움직이는 게 정확도를 높인다. 퍼팅 때 손목을 자주 쓰는 골퍼는 성공 확률이 들쭉날쭉한 경향이 있다. 감이 좋은 날은 성공 확률이 상당히 높은 반면 감이 엉망인 날은 제대로 홀로 넣는 경우가 별로 없다. 견고한 퍼팅 실력을 갖고 싶다면 손목 움직임을 자제하는 것이 좋다.

4. 브레이크는 홀 뒤쪽, 또는 낮은 쪽에서 읽는다

아무리 퍼팅 스트로크가 좋다고 하더라도 퍼팅 라인을 제대
로 읽지 못한다면 아무 소용 없다. 퍼팅 잘하는 골퍼를 보면 대
부분 그린을 읽는 능력도 뛰어나다. 이들은 한 목소리로 말한
다. 그린 경사는 홀 뒤쪽, 그리고 낮은 쪽에서 읽는 것이 좋다고.

5. 퍼팅 내내 그립을 가볍게 잡도록 하라

긴장할 때 특성 중 하나는 그립을 꽉 잡는 것이다. 그러면 원
활한 퍼팅 스트로크가 이루어지지 않는다. 부드러운 퍼팅 스트
로크를 하기 위해서는 그립을 가볍게 잡는 것이 필요하다.

6. 연습 스트로크와 실제 스트로크를 일체화하라

연습 스트로크를 하는 이유는 분명하다. 어느 정도의 세기로
퍼팅을 할지 가늠해보는 것이다. 하지만 정작 연습 스트로크와
실제 스트로크를 다르게 하는 골퍼를 자주 볼 수 있다. 이런 골
퍼는 연습 스트로크의 효과를 거의 보지 못한다. 연습 스트로크
가 무의미한 것이다.

주말골퍼, 똑바로 멀리치기!

7. 상대 퍼팅을 선생님으로 모셔라

내 퍼팅 라인 앞에 공이 놓이면 "선생님 오셨다"고 모두 좋아한다. 굳이 퍼팅 라인을 읽지 않아도 상대 퍼팅이 그 답을 내놓기 때문이다. 이때 퍼팅 라인만 참고하는 것은 하나만 알고 둘은 알지 못하는 행동이다. 퍼팅 세기를 보면서 그린 굴곡과 상태도 파악하는 것이 현명하다.

8. 퍼팅 라인과 내 스트로크를 믿어라

퍼팅은 결국 넣느냐 못 넣느냐의 싸움이다. 자신이 읽은 퍼팅 라인과 내 퍼팅 스트로크를 믿지 못하면 수많은 이론으로 무장해도 아무런 의미가 없다. 확신에 찬 스트로크가 성공 확률을 높인다.

Chapter 02

핸디캡 귀신 이야기

○ 보기 플레이어의 진실

모르는 사이끼리 만나 골프할 때 가장 먼저 묻는 말이 있다. 바로 "몇 개 치세요(핸디캡 얼마세요)?"다. 나중에 내기할 때를 대비해 미리 상대의 실력을 알아보려는 '신경전'의 일종이다.

이때 가장 많이 듣는 대답? 물론 "보기 플레이어입니다"이다. 이 '보기 플레이어'라는 게 전라도 사투리로 참 '거시기'하다. 보기 플레이어면 파72 골프장에서 매홀 보기를 친다고 가정했을 때, 18을 더해 90타를 친다는 얘기다. 그런데 보기플레이어도 90타 전과 후가 너무 딴판이다. 85~90타를 치는 보기 플레이어인지, 아니면 90~95타를 치는 보기 플레이어인지에 따라서 느껴지는 실력의 차이가 너무 다르기 때문이다. 만일 이 두 보기 플레이어가 만나 내기를 했다면 한쪽에서 곡소리가 날 게 분명하다.

사실 '보기 플레이어'라는 대답은 골퍼의 성격에 따라 달라진다. 겸손한 사람의 보기 플레이어와 허풍을 좋아하는 사람의 보기 플레이어는 하늘과 땅 차이다. 겸손한 골퍼의 보기는 파를 노리다 보기를 하는 것이고, 허풍쟁이 골퍼의 보기는 더블보기 위기에서 가까스로 보기를 하는 것이다.

○ 평일 핸디캡과 주말 핸디캡이 다르다

보기 플레이어는 싱글과 초보의 사이 정도 되는 수준이다. 사회의 중산층 정도로 보면 정확할 것이다. 그런데 우리 사회에서 중산층 수가 점점 줄어들고 있는 것처럼 보기 플레이어라고 대답하는 이들도 조금씩 줄어들고 있다. 경제가 어렵다는 것은 주말골퍼의 주머니 사정도 그만큼 힘들다는 의미이지 않은가.

핸디캡과 관련해 가장 자주 쓰이는 말은 '고무줄 핸디캡'일 것이다. 핸디캡이 누구를 만나 골프를 하는지, 어떤 상황인지, 지금 골퍼의 기분이 어떤 지에 따라 고무줄처럼 줄었다 늘어난다고 해서 나온 말이다.

누군가 "자랑할 때의 핸디캡과 내기할 때 핸디캡이 달라진다"고 했다. 자랑할 때의 핸디캡은 잘 쳤을 때 스코어를 기준으로 한다. 반대로 내기할 때의 핸디캡은 쪼그라들게 마련이다. 내기에서 돈 잃기 싫은 마음이 투영된 핸디캡인 셈이다.

평일 핸디캡과 주말 핸디캡이 다르다는 사실을 아는지? 주말에는 경기 진행을 위해 골프장 측에서 코스를 짧게 세팅하는 게 보통이다. 따라서 평일보다 스코어가 좋아질 수밖에 없다. 주로 주말에 골프를 치는 골퍼가 평일에 자주 나오는 골퍼에 비해 핸디캡에 거품이 들어갈 수밖에 없는 이유다. 주말에 싱글 스코어를 냈다고 너무 우쭐대다가는 나중에 큰 코 다치는 수가 있다.

핸디캡은 당구지수(흔히 일본말과 혼용된 말로 '다마수'라고 하는)와 비슷한 개념이다. 하지만 골프보다 당구 쪽이 더 공정하다. 당구에는 없는 배판이 골프에 있는 탓이다. 골프 내기를 할 때 고수는 하수에게 평판을 기준으로 핸디캡을 준다. 그리고는 툭하면 배판이 나오게 하고, '레슨비'라는 명목으로 하수의 돈을 걷어간다.

핸디캡 높은 하수 골퍼가 가장 싫어하는 말이 있다. "핸디캡이 코스에 숨어 있다"는 것이다. 이게 무슨 뜻인가? 초반에 잘 치고 있으면 언젠가 무너질 것이라는 얘기 아닌가? 얼마나 힘 빠지고 맥 빠지는 소리인가. 코스에 숨어 있는 핸디캡을 다른 말로 '핸디캡 귀신'이라고도 한다. 하수가 건방지게(?) 좋은 스코어를 내고 있으면 핸디캡 귀신이 홀연히 나타나 혼내고 간다는 것이다. 하지만 이것은 승자(고수)의 논리다. 괜히 하수의 기를 꺾으려고 만들어 낸 이야기다.

그리고 만일 핸디캡 귀신이 있다면 골프장 어딘가에 숨어 있는 게 아니다. 바로 골프 하수의 마음에 웅크리고 있을 뿐이다.

Chapter 03

하수에게 절대 불리한 내기의 법칙

골프 내기는 전부 하수에게 불리한 법칙(?)

골프는 중독성이 매우 강하다. 그것은 골프가 그만큼 재미있기 때문일 것이다. 만약 내기를 하지 못하게 한다 해도 예전만큼 중독에 빠지게 될까? 아마도 'NO'라고 할 이들이 더 많을 것이다. 물론 내기를 절대 하지 않는 골퍼도 있다. 가장 큰 이유는 아마도 스트레스를 받는 게 싫어서일 게다.

하지만 내기에 '안티'인 골퍼도 내기가 골프의 재미와 흥미를 높인다는 사실까지는 부인하지 않는다. 다만 골프를 사랑하는 골퍼라면 도박에 가까울 정도로 큰돈을 걸고 하는 내기는 골프장에서 추방해야 한다는 주장에 백이면 백 모두 동의할 것이다.

흥미로운 것은 골프에서만큼은 타당 1,000원짜리 내기를 해도 100만 원짜리 내기를 한 것과 비슷한 효과를 낸다는 사실이

다. 식당에서 팁으로 1만 원은 너무 당연하다는 듯이 주는 골퍼
도 막상 내기에서 1만 원이라도 잃게 되면 쉽게 흥분하게 된다.
내기에 거는 돈은 단지 승부를 박진감 넘치게 하는 하나의 수단
일 뿐이다.

하지만 골프 내기는 모두 하수에게 불리한 법칙(?)으로 똘똘
뭉쳐 있다는 사실을 아는 이들은 별로 없다. '배판의 법칙'이라
는 것만 봐도 그렇다. 셋이서 같은 스코어를 냈을 때, 트리플 보
기 이상이 나왔을 때, 버디가 나왔을 때 타당 1,000원짜리 내기
가 다음 홀에서 타당 2,000원으로 늘어난다.

문제는 '핸디'에는 배판이 없다는 사실이다. 고수가 하수에게
주는 '핸디'는 핸디캡 차이를 보상해주기 위해 상대에게 주는 돈
을 말한다. 따라서 배판인 홀에서는 절대적으로 하수에게 불리
하게 작용한다.

고수가 하수를 잡기 위해서 만들어 낸 룰인 셈이다. 이에 대한
불합리성을 주장하는 하수에게 꼭 고수가 하는 말이 있다. "레
슨비도 내지 않고 골프 배우려고?" 배판의 요건이 성립되지 않
았는데도, 돈을 많이 잃은 골퍼가 배판을 부를 때가 있다. 이때
대부분 배판을 부른 골퍼가 돈을 잃게 되는 사실도 흥미롭다.

골프만큼 침착성이 필요한 스포츠도 없다. 하지만 돈 좀 잃었다고 흥분해서 배판을 불렀으니 '굿 샷'보다는 '배드 샷'이 더 나오는 게 당연하다.

골프의 OECD

만일 배판을 부른 주인공이 하수라면? 그럼 라운드 후 머리를 치면서 후회하는 모습이 눈에 선하다. 이런 말을 하면서. "바보 멍청이, 그때 내가 왜 그랬지?" 골프 내기에서 가장 편안하고 보편적인 종류는 스킨스다. 네 명이 핸디캡에 맞게 돈을 미리 낸 뒤 홀마다 정해진 돈을 승자가 가져가는 방식이다.

하지만 스킨스 방식이 타당 내기를 하는 스트로크보다 하수에게 더 불리하다는 사실을 알지 못한다. 버디 값이란 것을 곰곰이 생각해보라. 하수가 버디를 잡아내는 일은 가뭄에 콩 나듯 하지만 고수는 18홀에 한두 개 쯤 쉽게 잡는다. 기껏 한두 홀에서 어렵사리 획득한 스킨을 버디 값으로 지불할 수밖에 없는 구조인 셈이다.

고수들은 항변한다. 그래서 'OECD'란 제도가 있지 않느냐고?

경제발전과 세계무역 촉진을 위해 발족한 국제기구인 OECD는 선진국들의 모임이다. 그 것에 비유해서 탄생한 골프의 OECD는 스킨스를 할 때 처음 내놓은 돈을 일단 회수한 골퍼를 말한다. OECD 골퍼가 되면 그때부터 OB(Out of Bounds), 벙커, 해저드, 3퍼트, 트리플 보기 이상 등을 했을 때 획득한 스킨을 다시 내놓아야 한다.

하지만 OECD 제도 또한 하수에게 결코 유리하지 않다. 하수가 소경 문고리 잡듯 덜컥 초반에 버디라도 잡고, OECD에 들어갔을 때를 보자. 하수가 남은 홀에서 OB 한 번 내지 않고, 벙커 한번 빠지지 않고, 3퍼트 한번 하지 않고 라운드를 끝낼 수 있을 것이라고 생각하는가. 그 것은 불가능에 가깝다.

세계 3대 바보가 있다. 그 중 한명이 9홀도 끝내지 않은 상황에서 OECD에 가입한 골퍼라는 우스갯소리도 있지 않은가. 고수도 OECD에 들어가면 긴장해서 제대로 스윙을 하지 못하는 게 바로 골프다.

Chapter 04

'보기' 보기를 황금같이 하라

○ 첫 홀 보기는 살림 밑천

고려의 충신 최영 장군에 대해 어느 정도 알고 있을까. 홍건적을 물리쳤다거나, 명나라가 철령위를 설치하러 하자 요동정벌을 계획하고 출정했다가 이성계의 위화도 회군으로 좌절됐다는 사실을 잊지 않고 기억하고 있다면 우리 역사에 대해 해박한 지식을 갖고 있다고 자신할 수준이다. 아무리 어릴 적 배운 것을 금방 잊어버린다고 해도 적어도 이 사실만은 알 것이다. 부친으로부터 '황금 보기를 돌 같이 하라'는 유훈을 받고 평생의 좌우명으로 삼았다는 사실 말이다.

골프에서 보기는 천덕꾸러기 신세다. 버디와 파는 환영 받지만 보기는 별로 달가워하지 않는다. 보기를 자주 하는 골퍼를 가리켜 '변태 골프'라고 놀리기도 한다. '보기(seeing)만' 한다고 해서 붙여진 애칭(?)이다. 짓궂은 골퍼는 여자 캐디에게 "저 친구, 실속 없어. 보기만 하거든"이라고 농담을 걸기도 한다.

하지만 이 모든 것이 주말 골퍼에게는 참 배부른 소리다. 2013년 마스터스 때 최경주 선수가 1라운드 1번 홀에서 보기를 했다. 그때 한 말이 걸작이다. "첫 홀 보기는 살림 밑천이라고 하잖아

요. 캐디도 마스터스 첫 홀은 보기를 해야 한다고 하더라고요." PGA 투어 톱스타도 보기를 무시하지 않는 것이다. 하지만 최경주는 다음날도, 그리고 그 다음날도 1번 홀에서 보기를 기록했다. 그의 바람대로 1라운드 1번 홀 보기가 살림 밑천이 되지는 못했다.

어쨌든 주말골퍼에게 보기는 정말 살림 밑천이다. 스코어가

좋은 날 보기를 몇 개나 하는지 살펴보라. 또 스코어가 나쁜 날 보기를 몇 개나 했는지 확인해보라. 분명 스코어가 좋은 날 보기가 많을 것이다.

○ '보기' 보기를 황금 같이 하라

주말골퍼의 성적은 파를 얼마나 많이 잡았는지보다 더블보기 이상을 얼마나 하지 않았느냐에 따라 결정된다. 더블보기나 트리플보기를 할 위기를 보기로 막은 날은 대박이 터지는 날인 것이다. 많은 주말골퍼들이 자신을 소개할 때 '보기 플레이어'라고 한다. 겸손하게 자신의 실력을 소개하는 동시에 그렇다고 만만하게 보지도 말란 의미가 포함되어 있다. 주말골퍼에게 보기를 기록하는 것은 결코 만만한 게 아니다.

OB 한방 나면 보기는 물 건너가고, 샷 한번만 실수해도 보기 잡기가 급급해진다. 샷 한번 실수에 3퍼트까지 겹친다면 보기는 언감생심이다. 상 중에 '다보기 상'이란 게 있다. 보기를 많이 한 골퍼에게 상을 주는 것이다. 파 기회에서도 일부러 보기를 하면서 작심하고 보기를 잡아 봐도 꼭 더블 보기나 트리플 보기가 나온다. 보기만 하는 것도 결코 만만치 않은 일이다.

　주말골퍼가 스코어를 잘 내려면 파보다는 '보기'와 사이좋게 지내야 한다. 대신 더블보기 이상과는 치열한 싸움을 해야 한다. 보기가 스코어에 자주 적히다 보면 이따금 파도 나오고 행운의 버디도 나오는 것이다. 최영 장군의 명언을 골프에 차용한다면 '보기' 보기를 황금 같이 하라고 하면 어떨까.

Chapter 05

궁합 맞는 골프장 찾아라

○ 새의 복수

호주의 한 골프장에서 라운드할 때 있었던 일이다. 그 골프장은 나무와 새가 무척 많았던 기억이 난다. 어느 홀에서인가 동료의 샷이 그만 실수가 나는 바람에 내 근처 나무를 세게 맞혔다. 순간 몇 마리 새가 화들짝 놀라 허둥대며 날아갔다. 참 놀랐겠다고 생각하며 어드레스를 하고 있었다.

막 백스윙을 하는 순간 갑자기 새 한 마리가 날아와 내 목 뒤쪽에 부딪히더니 날아가는 것이 아닌가. 얼마나 놀랐던지 지금도 가슴이 벌렁거린다. 그때만 해도 '설마 방금 전 동료가 나무를 맞힌 것에 대한 복수는 아니겠지'라고 생각했다. 사실 그렇다면 너무 억울하기도 했다. 내가 맞힌 것이 아니라 우연히 그 옆에 서 있을 뿐이었는데 말이다.

하지만 설마가 아니었다. 다시 어드레스를 하고 있는 데 이번에도 어느 순간 날아와 내 목을 치는 것이 아닌가. 골프채로 새를 쫓아낸 뒤 다시 샷을 하려고 해도 계속 내 주위를 맴돌면서 샷을 방해한다. 아마도 그 나무 위에 새끼 새가 있었던 모양이다.

알프레드 히치콕의 영화 〈새〉처럼 새의 복수는 9홀을 마치고 클럽하우스로 잠시 피해 있을 때까지 계속됐다. 공포의 라운드 동안 내 샷은 엉망이 됐고, 내 주머니는 어느새 비어 있었다. 호주의 골프장은 내게 최악의 코스였던 셈이다.

내기 골프를 할 때 스코어에 가장 큰 영향을 미치는 요인이 뭘까? 그날 컨디션? 물론 상당히 중요하다. 무엇보다 중요한 골프 약속이 있을 때 최고의 컨디션을 만드는 게 필요하다. 프로골퍼들도 마스터스나 US오픈 같은 메이저대회가 있을 때 그 시점에 컨디션을 최고로 끌어 올리도록 노력한다.

타이거의 무덤

컨디션 못지않게 중요한 게 또 있다. 내기 장소인 골프장이다. 어느 누구보다도 화려한 샷 기술을 갖고 있는 '골프 황제' 타이거 우즈조차 골프장을 가린다. 파머스 인슈어런스오픈이 열리는 토리 파인스, 브리지스톤 인비테이셔널이 열리는 파이어스톤, 아널드 파머 인비테이셔널 대회장 베이힐 같은 골프장이 우즈가 자주 우승을 거둔 텃밭 같은 곳이다.

하지만 우즈도 스코어를 잘 내지 못하는 코스가 몇 개 있다. 로스앤젤레스 인근 리비에라 골프장은 대표적인 곳이다. 이 골프장은 '타이거의 무덤'으로 불리기도 한다. 우즈는 1997년 로스앤젤레스 오픈이라는 이름으로 열린 노던 트러스트오픈에 아마추어 초청 선수 자격으로 출전해 프로 선수들과 경쟁하며 자신의 이름을 알렸다. 이런 인연으로 우즈는 매년 이 대회에 출전했지만 단 한 차례도 우승하지 못했다. 우즈는 2006년을 끝으로 더 이상 이 대회에 나오지 않고 있다.

충청북도 충주시에 있는 센테리움 골프장은 어렵기로 유명한 곳이다. 스코어가 너무 나쁘게 나온다며 불평을 털어 놓는 골퍼도 있지만 코스 설계가는 절대 코스를 쉽게 고치는 것을 허락하지 않는다고 한다. 이 골프장 회원들은 어려운 코스에 대한 자부심이 무척 강하다. 다른 골프장에서 라운드하다 내기에서 돈이라도 잃게 되면 꼭 센테리움으로 초대한다. 코스를 잘 모르는 골퍼를 혼내주기에 안성맞춤인 곳이기 때문이다. 코스를 알고 모르고 차이가 스코어에 고스란히 반영된다.

누구에게나 유난히 성적이 나오지 않는 골프장이 있게 마련이다. 대부분 그걸 '골프장 징크스'라고 치부해버린다. 하지만 사실은 내게 맞는 골프장과 맞지 않는 골프장이 있다는 것을 잘 보여주는 증거다. 미국프로골프(PGA) 투어에 뛰는 선수들은 1년 대회 일정을 짤 때 우선 큰 대회 위주로 짜고, 그 다음으로 자신 있는 골프장에서 열리는 대회를 집어넣는다.

아무리 실력이 없는 주말골퍼에게도 맞는 골프장과 맞지 않는 골프장이 있다. 문제는 그것을 잘 알고 있지 못하다는 데 있다. 어느덧 국내 골프장도 500개 시대에 돌입했다. 진정한 내기 골프의 고수가 되고 싶다면 내게 맞는 골프장 리스트를 짤 필요가 있다. 대체로 스코어가 잘 나오는 골프장에서 내기를 붙자고 하면 언제라도 'OK'지만 정말 점수 나쁘게 나오는 골프장이라면 이런저런 '핑계'를 찾아 거절하는 게 돈 잃지 않는 최고의 방법일 것이다.

Chapter 06

그늘집 다음 홀을 노려라

그늘집은 위험하다(?)

그늘집, 이름부터 참 아늑하다. 말 그대로 '그늘'이 생기도록 만들어 놓은 집을 뜻한다. 무더운 한 여름에는 시원한 에어컨 바람으로 골퍼를 맞아 주는 곳이요, 매서운 한파가 몰아치는 겨울에는 따스한 온기로 골퍼를 다독이는 장소다.

특히 한국 골프장의 그늘집은 다른 어떤 나라보다 멋있고 정이 있고 운치가 있다. 경남 남해의 골프장 사우스케이프에는 정말 입이 쩍 벌어질 멋진 그늘집이 있다. 선라이즈 하우스로 불리는 이 그늘집은 기암절벽 바다 위로 뻗어 나와 뱃머리를 연상케 한다. 잔디로 식재된 지붕의 끝은 마치 영화 〈타이타닉〉의 한 장면을 떠오르게 한다. 새벽 라운드 때는 바다 위로 솟아오르는 일출도 볼 수 있다.

골프 고수는 그늘집 다음 홀에서 더욱 집중력을 높여 샷을 한다. 방심해서 실수가 자주 나오기 때문이다.

하지만 이 그늘집이 때로는 골퍼의 운명을 가르는 장소가 되고는 한다. 이 말을 떠올려 보라. '그늘집 다음 홀을 조심하라.' 한창 샷 감이 좋았다가도 그늘집에 잠시 쉬었다가 다시 라운드에 들어가면 치명적인 실수를 할 때가 있다. 그러니 너무 마음 놓지 말고 긴장을 늦추지 말라는 얘기다.

라운드를 하다 보면 전반 9홀을 끝내고 나서 잠시 쉬는 것 까지 포함해 통상적으로 세 번 그늘집을 들르게 된다. 그런데 이 그늘집이 그날 라운드의 중요한 전환점이 되는 경우가 많다. 리듬이 바뀔 수 있기 때문이다. 통상적으로 그늘집에 들르면 자장면 같은 간단한 음식을 먹을 수도 있고, 술을 좋아하는 골퍼라면 막걸리나 맥주 한두 잔을 마시게 될 수도 있다.

아무래도 뭔가를 먹게 되면 스윙에 부담이 돼 샷 리듬이 깨지게 마련이다. 사실 그것보다는 멘탈에서 문제가 발생하는 경우가 더 많다. 홀을 지나면서 켜켜이 쌓아 놓았던 긴장을 한순간 놓아 버려 집중도가 현저하게 떨어지게 되는 것이다. 몸의 회전은 제대로 되지 않고 머리를 치켜들게 돼 치명적인 미스 샷이 나온다.

진짜 고수는 그늘 집 다음 홀을 노린다

그늘집 다음 홀이 평범할수록 더욱 심각한 실수를 범할 가능성이 높다. 긴장감이 그만큼 떨어지는 탓이다. 하지만 이것은 하수 얘기다. 이전 홀까지 좋은 스코어를 내고 있는 하수라면 더욱 그늘집 다음 홀에서 실수가 자주 나온다. 기분이 붕 떠 있는 상태에서 음식이나 음료를 과하게 섭취하기 때문이다. 술 한 잔을 했으면 더욱 심각하다.

게다가 보통 그늘집 다음 홀에는 급하게 티잉 그라운드에 올라갈 때가 많아 전 홀에서 좋은 스코어를 낸 하수는 특히 미스 샷을 낼 가능성이 높다. 진짜 고수는 그늘 집 다음 홀을 노린다. 상대가 실수할 때를 기다리는 것이다. 상대의 마음을 놓게 하고서 정작 고수 자신은 오히려 집중력을 높이려 한다. 샷을 하기 전 코스 상황을 미리 파악하고 리듬을 잃지 않으려 애쓴다.

특히 그늘집 다음 홀에서는 공을 끝까지 보고 임팩트하려고 노력한다. 연습 스윙을 많이 하는 것도 그늘집 다음 홀을 현명하게 준비하는 고수의 비법 아닌 비법이다. 골프뿐 아니라 모든 게 어떻게 보느냐에 따라 달라진다.

'시각의 차이'라는 얘기다. '그늘집 다음 홀을 조심하라'는 대신 '그늘집 다음 홀을 노려라'로 바꿔 보면 어떨까.

Chapter 07

천하무적 '관광 볼'

굳이 똑바로 치려고 하지 마라

세상에서 가장 치기 어려운 샷은? 바로 똑바로 가는 샷이다. '골프 황제' 타이거 우즈조차 "똑바로 치기가 가장 어렵다"고 하지 않았는가. 사실 과학적으로 스트레이트 볼은 있을 수 없다. 조금이라도 사이드 스핀이 걸리지 않는 일은 있을 수 없기 때문이다. 시각적으로 똑바로 가고 있는 것처럼 느껴질 뿐이다. 스트레이트 볼은 실제에는 없는 '이론적인' 볼이다.

'골프 전설' 중 한 명인 리 트레비노는 아예 "스트레이트 볼을 치거나 치려고도 하지 말라"고 했다.

최경주도 "드로 구질의 골퍼는 오른쪽을 겨냥하고, 페이드 구질의 선수는 조금 왼쪽을 겨냥하면 되는 것"이라며 "굳이 똑바로 치려고 하지 마라"고 했다. 이제 똑바로 쳐야 한다는 부담감에서 벗어났는가. 자 지금부터는 똑바로 칠 생각 자체를 하지 말아라. 그럼 마음이 편해질 것이다.

관광 볼이 가끔 일을 저지를 때가 있다

주말골퍼의 최대 적으로 여겨지는 '슬라이스'를 친구처럼 대하는 골퍼들도 있다. 이들은 슬라이스가 나면 나는 대로 내버려둔다. 대신 방향만 왼쪽으로 서면 그만이다. 바로 '관광 볼'을 치는 골퍼들이다. 이름도 어쩌면 그렇게 잘 지었는지 모른다, OB, 해저드, 벙커 지역을 두루 '관광'하다 페어웨이 중앙에 살포시 내려앉는 관광 볼.

보는 이들은 깜짝 놀랄지 모르지만 정작 치는 골퍼는 자신의 샷 구질을 너무 잘 알기 때문에 조금도 걱정하지 않는다. 특히 캐디들은 관광 볼을 치는 골퍼를 만나면 매홀 심장이 졸아드는 경험을 한다. 그 공을 찾기 위해 '산 넘고 물 건너'는 행군을 해야 하는 까닭이다.

이 관광 볼이라는 게 거리가 줄어드는 단점은 있지만 상대의 기를 제압하는 데는 톡톡히 제 역할을 한다. 분명 왼쪽으로 나가서 OB가 날 것 같은 공이, 페어웨이 중앙에 떨어지는 것을 보면 실망(?)하지 않을 골퍼 한 명 없을 것이기 때문이다. 관광 볼의 특징 한 가지 더. 거의 오른쪽 관광은 하지 않는다. 주말골퍼의 대부분이 슬라이스 구질의 샷을 해서다.

과학적으로 본 관광 볼은 엄청나게 오른쪽으로 도는 스핀이 걸린 것이다. 임팩트 때 클럽페이스가 완전히 오픈된 상태에서 공이 맞아 '아웃사이드-인' 궤도로 스윙이 형성되는 탓이다.

언젠가 한국을 방문해 샷 시범을 보였던 우즈는 제대로 된 '관광 볼'을 시연한 바 있다. 완전 왼쪽을 겨냥해서 페어웨이 중앙에 떨어뜨려 박수갈채를 받았다.

사실 이 정도의 샷은 슬라이스로 고민하는 주말골퍼라면 누구나 할 수 있는 간단한(?) 샷이다. 그냥 쳐도 오른쪽으로 휘는데, 좀 더 휘게 치는 것이야 뭐 어렵겠는가. 만일 반대의 샷을 하라면 절대 못하겠지만. 그런데 이 관광 볼이 가끔 일을 저지를 때가 있다. 관광을 가서 돌아오지 않을 때다. 그토록 믿었던 주인이 배신당했을 때 심정이란, 미치고 펄쩍 뛸 일이다.

너무 똑바로 치려고 안달할 필요는 없지만 너무 휘는 관광 볼

주말골퍼, 똑바로 멀리치기!

은 사실 조금씩 펴 나가야 한다. 그래야 정확성도 좋아지고 거리도 늘어난다. 관광도 정도껏 해야지 너무 오래 하면 피곤하고 지쳐서 일상생활을 제대로 할 수 없다.

Chapter 08

구찌를 모르면 백전백패

스윙 폼은 엉망인데 자주 좋은 스코어를 내는 주말골퍼 A씨. 그에게는 듣기 싫어하는 말 하나가 있다. "와, 완전 8자 스윙 짐 퓨릭 저리 가라네"처럼 그의 엉망인 스윙 폼을 비꼬는 말? 아니다. "이거 너무 긴장이 안 되잖아. 좀 긴장하게 해줘봐"란다.

자신을 무시하는 이 말을 듣는 날, 그의 스코어는 언제나 엉망이다. 하루 종일 그 말만 신경 쓰다 미스 샷을 연발하기 때문이다. 그는 상대가 일부러 이 말을 이용해 자신이 무너지길 기다렸다는 것을 한참 후에야 알았다. 구찌로 이용한 것이다. 그 사실을 알고 난 후 그의 구찌에도 별로 신경 쓰지 않게 됐다. 아니 그와는 가급적 라운드를 하지 않으려 한다.

'구찌(くち)'란 일본어로 입이란 뜻이다. 골프은어로 구찌는 말로 상대방을 흔들리게 하는 심리전의 한 수단으로 통한다. 사실 구찌는 상대의 약한 마음을 이용하는 약간 치사한 방법이다.

골프를 하다 친한 친구를 잃기 싫다면 사용하지 않는 게 좋다. 하지만 어쩌겠는가. 그것을 이용해 상대를 이기려는 이기적인 골퍼가 있는 것을. A씨처럼 모르면 당하게 된다.

하수는 상대가 나쁜 점을 지적하는 구찌에 약하다. 이런 식이다. "스윙이 그게 뭐야. 그러니까 거리가 안 나지. 좀 힘껏 휘둘러봐", "임팩트 때 열려 맞잖아. 그러니까 자주 슬라이스가 나는 거야."

이런 것도 있다. "방향을 잘못 섰잖아. 좀 더 오른쪽으로 서야지." 가뜩이나 샷도 제대로 되지 않는데 이것저것 지적하면 머리가 온통 복잡해져서 샷에 집중할 수 없게 된다. 그는 한때 '퍼귀(퍼팅귀신)'로 불렸다. 폼은 어정쩡한데 어찌 그리 홀에 공을 잘 넣는지, 프로골퍼 뺨친다는 표현은 그에게 너무 적절했다. 그러던 어느 날. 한때 유명했던 여자 프로골퍼와 라운드를 할 기회가 있었다. 그의 퍼팅 솜씨에 기가 막힌 듯 라운드 도중 그의 퍼터를 만지작거리던 그 여자 프로골퍼가 한마디를 던졌다.

"이상하네, 퍼터가 약간 구부러졌는데 어떻게 이런 퍼터로 그렇게 퍼팅을 잘 할 수 있지?" 그 한마디에 그는 완전 멘탈 붕괴에 빠졌다. 구부러진 퍼터로 퍼팅을 잘 한다는 것은 내 퍼팅 방식에 뭔가 문제가 있다는 것 아닌가. 그 후 한동안 퍼팅 부진에 허덕이던 그의 손에 언젠가 애지중지하던 (구부러진) 퍼터 대신 새 것이 들려 있었다.

아무 의미 없이 던진 한마디가 비수처럼 그에게는 구찌가 된 것이다. 고수는 오히려 좋은 점을 칭찬하는 구찌에 당한다. "드라이버 거리가 엄청나네. 힘 무지 좋다." "스윙 완전 간결해졌네. 요즘 연습 열심히 했나 봐." "역시 숏게임에 강해. 도저히 이길 수 없겠는 걸."

상대의 칭찬에 더 잘해 보려다 힘이 들어가 미스 샷이 나오는 것이다. 사실 가장 조심해야 할 것은 걱정해주는 것 같은 구찌다. "오른쪽 OB 구역이니 조심해서 쳐라", "너무 멀리 치면 막창 날 수도 있겠는데. 조심해야지."

오히려 더 신경이 쓰이게 돼 미스 샷이 나오게 된다. 지피지기면 백전백승이라고 했다. 상대의 구찌를 모르면 당하게 된다. 지피구찌면(상대의 구찌를 알면) 백전백승은 아닐지라도 승률을 최대한 높일 수 있다.

Chapter 09

'버디 값 한다'는 말의 진실

버디 값 한다

'버디 값'은 두 가지 의미가 있다. 먼저 버디를 잡고 나서 상대에게 추가로 받는 돈을 뜻한다. 다른 의미도 있다. 버디 잡고 나서 하는 실수를 뜻한다. 전자가 이득의 개념이라면 후자는 비용의 뜻이 포함되어 있다.

'버디 값 한다'는 말의 '값'은 비용의 개념이다. 버디를 하고 난 다음 홀에 실수가 자주 나온다고 해서 생긴 말이다. 모처럼 버디를 잡게 되면 기분이 좋아지고, 진짜 '버디 값'으로 두둑해진 주머니가 마음을 편안하게 한다. 붕 떠 있는 기분에 샷에 대한 집중력은 떨어지고 미스 샷이 나오게 되는 것이다. '버디 값' 중 최악은 그 다음 홀 티샷 OB(Out of Bounds)다. 초보자의 경우 티샷이 OB가 나면 그 홀을 더블파로 마무리하는 경우가 많다.

한번 '버디 값'으로 모든 게 끝나면 큰 문제는 없다. 하지만 보통 하수들은 한번 무너진 스윙을 쉽게 회복하지 못한다. 버디를 잡은 후 더블보기, 트리플 보기가 쏟아질 수 있다. 프로골퍼들조차 '홀인원 값'을 하는 경우가 있으니 하물며 전반과 후반 스코어가 10타 이상 왔다갔다 하는 주말골퍼는 오죽하겠는가.

하지만 '버디 값 한다'는 말의 진실은 고수가 하수를 잡기 위해 만들어 낸 교묘한 수단임을 알아야 한다. 고수와 하수 중 누가 더 버디 값을 하겠는가. 홀인원을 했을 때야 프로골퍼도 흥분할 수 있겠지만 버디 한 개 잡았다고 해서 고수가 들떠 정신을 놓아 버리는 일은 결코 없다. 오히려 버디를 잡으면 버디를 몇 개 더 잡아서 내친김에 제대로 혼내주겠다고 의지를 더 다지는 게 골프 고수의 마음이다.

하지만 하수는 다르다. 몇 번의 라운드만에 찾아온 버디에 쉽게 흥분하게 된다. 머릿속은 온통 환희로 가득 차게 된다. 이와 동시에 가슴 깊은 곳에서 '방심'이란 놈이 소리소문 없이 기어 나오게 된다.

버디 값을 하고 싶지 않다면 버디를 잡았을 때 마음도 같이 다 잡는 게 필요하다.

버디 값을 자주 하는 스타일

버디 값을 자주 하는 스타일이 있다. 첫째가 마음 약한 골퍼이다. 기분이 좋기는 하지만 상대에게 약간의 미안한 마음을 품게 된다. 그런 생각이 다음 홀 티샷으로 연결돼 미스 샷이 나오는 것이다. 반대로 쉽게 흥분하는 골퍼도 버디 값을 자주 하게 된다. 상대에 미안한 마음이 드는 것은 아니지만 스스로 너무 기

뻔 나머지 실수를 하게 되는 것이다.

반대로 실력이 떨어지더라도 마음이 독한 골퍼는 버디 값을 하는 일이 거의 없다. 오히려 상대를 더 못 잡아먹어 안달이다. 버디 값을 하고 싶은 골퍼는 어디에도 없을 것이다. 버디 값을 하고 싶지 않다면 버디를 잡았을 때 마음도 같이 다 잡는 게 필요하다.

버디를 잡은 다음 홀이다. 분명 상대는 "버디 값 할 것 같은데" 라면서 은근히 상대가 실수하길 바란다. 이때 이렇게 응수해준다. "버디 값? 금방 네게서 받았는데. 왜 또 주려고?"

   주말골퍼, 똑바로 멀리치기!

PART 05

흥미로운
골프용품 이야기

Chapter 01

너무 불쌍한 골프공

굳이 골프의 3요소를 꼽으라면 골퍼, 골프채, 골프공을 택할 수 있겠다. 이 셋 중 무엇 하나가 없어도 골프란 운동은 애초에 이루어질 수 없다. 골프장도 물론 중요하지만 연습장이나 스크린 골프에서 골프를 할 수 있다. 골프공은 골프에서 없어서 안 될 존재인 것이다.

프로골퍼들이 가장 바꾸기 꺼려하는 골프용품도 바로 골프공이다. 1야드 단위로 핀을 공략해야 하는 프로골퍼들에게 원래 쓰던 골프공 대신 다른 것을 쓰라고 하면 상당히 당혹한다. 골프공마다 스핀 양이 달라 평소 스윙 크기대로 샷을 했다가는 원하는 지점에 떨어뜨릴 수 없다. 마음먹은 대로 거리를 조절할 수 없는 주말골퍼에게는 조금 다른 문제겠지만 말이다.

선물로도 골프공은 절대 찬밥 신세를 받지 않는다. 골프공을 선물 받은 골퍼치고 기분 나빠하는 이는 한 명도 본 적이 없다.

툭하면 공을 잃어버리는 주말골퍼에게 골프공 선물은 마른 땅에 단비와 같기 때문이다.

OB 지역이나 해저드 구역으로 날아가는 골프공을 보고 "통닭 한 마리 날아갔다"고 안타까워하는 게 솔직한 골퍼의 마음 아닌가. 그런데 골프의 '절대 요소'인 골프공이 자주 천대를 받기도 한다.

골프공을 찾으려고 안간힘을 쓰는 골퍼가 있는가 하면 '집나간 마누라'와 'OB난 골프공'은 찾지 않는다며 무시하는 골퍼도 있다. 어떤 때는 주인이 잘못된 샷을 해도 카트 도로와 나무에 제 몸을 희생(?)해 가며 기껏 페어웨이를 찾아 들었건만 상처가 났다며 다른 것으로 교체해버린다.

골프공이 가장 서러운 순간은 라운드가 끝났을 때다. 18홀을 동거동락한 골프공을 타수가 엉망이라고 기분 나빠하며 외진 숲속이나 연못에 던져 넣는다. 차라리 "에이, 재수 없어"란 말이나 하지 않았으면 기분이 더럽지는 않을 텐데.

나이별 여자의 인기도를 공에 비유한 유머에서도 골프공은 찬밥신세다. 10대는 축구공이다. 쫓아다니는 남자가 많다. 골키

퍼까지 무려 22명이 축구공에 집중한다. 20대로 접어들면 농구공으로 변한다. 쫓아다니는 남자가 줄어든다. 농구는 양 팀 합해야 축구 한 팀도 안 되는 고작 10명이다. 그리고 대망의 30대가 바로 골프공이다. 쫓아다니는 사람이 공 하나에 한명 뿐이다. 물론 서로 상대에게 넘기려 한다는 40대 탁구공과 모두들 피하려고 한다는 50대 피구공도 있다지만, 골프공의 처지 또한 별로 좋을 게 없다.

이런 골프 속담이 있다. '골퍼가 보내지 않으려고 노력하는 곳일수록 공은 너무나 정확히 찾아 간다.' 분명 미스 샷은 골퍼의 몫인데도, 잘못을 골프공에게 돌리는 무책임한 골퍼다. 그나마 골프공들이 좋아하는 이들은 캐디들이다. 위험을 무릅쓰고, 산 넘고 물 건너 골프공을 찾으러 가기 때문이다.

골프공들이 가장 좋아하는 유머도 따로 있다. 좀 오래된 골프 유머다. 응급실에 두 사람이 급히 뛰어 들어 왔다. 그 중 한 사람 왈. "선생님 제 목에 골프공이 걸렸어요!" 의사는 대답한다. "염려하지 마세요. 금방 꺼내 드리죠, 그런데 같이 오신 분은 환자의 보호자인 모양이죠?" 그러자 다른 사람 왈. "아니요, 전 제 공 찾으러 왔는데요."

얼마나 성실한(?) 주인인가. 사실 골프공은 불쌍할지 모르지만 골퍼들이 가장 무서워하는 것도 바로 골프공이다. 골프공을 보면 간이 콩알만큼은 아니더라도 골프공만큼 작아진다. 토핑, 뒤땅, 슬라이스, 훅 모든 미스 샷이 모두 골프공을 무서워한 결과다. 아마 이건 모든 골퍼의 공통된 마음일 것이다.

Chapter 02

퍼터가 뭐길래

골프를 칠 때 가장 많이 사용하는 골프채는? 머리 굴릴 필요도 없이 퍼터다. 드라이버는 많아야 16번 잡는다. 하지만 퍼터는 30번 이상 잡는다. 퍼터를 텍사스 웨지로 사용하는 주말골퍼는 타수의 절반을 퍼터에 의존할 것이다.

국내 골퍼들이 가장 많이 보유하고 있는 골프채 종류도 퍼터다. 예전에 쓰던 드라이버를 다시 창고에서 꺼내 사용하는 골퍼는 없지만 예전에 사용하던 퍼터를 다시 쓰는 골퍼는 꽤 있다. 프로골퍼도 마찬가지다. 퍼터만큼은 언제 다시 필요할지 몰라 남들에게 주지 않고 보관하게 되는 것이다.

미국프로골프(PGA)투어의 대표적 장타자 로버트 개리거스(미국)는 세상에서 가장 짧은 퍼터를 사용하는 선수로 유명했다. 일반적 퍼터 길이 34인치보다 훨씬 짧은 28.5인치짜리 '난쟁이 퍼터'를 사용했다. 하지만 그는 엄청난 변화를 시도했다. 이

프로골퍼건 아마추어건 퍼팅이 안 되는 이유를 퍼터 탓으로 돌리는 경우가 많다.

전 것보다 17.5인치나 긴 46인치짜리 밸리퍼터를 들고 퍼팅하기 시작한 것이다.

하지만 이제 그는 다시 퍼터를 바꿔야 한다. 2016년부터 공식 대회에서 고정식 퍼팅 방식을 하지 못하기 때문이다. 왜 골퍼들은 퍼터에 집착할까? 아마도 퍼팅 안 되는 이유를 퍼터 탓에 돌리기 때문일 것이다. 퍼팅 연습을 열심히 하는 주말골퍼는 드물다. 퍼팅은 '노력'보다 '감'이 중요하다고 판단해서다. 그러다 보니 퍼팅이 안 될 때 그 원인을 퍼터에서 찾는다. 퍼터 탓을 하는 것이다. 실제로 다른 퍼터로 바꾸고 나서 타수가 확 줄어드는 경험을 한 골퍼가 의외로 많다.

전성기 시절 '칼날 퍼팅'으로 이름을 날렸던 최상호는 퍼터를 바꾸지 않는 선수로 유명했다. 퍼터를 자주 교체하는 것이 득보다는 실이 많다고 여겼기 때문이다. 새로운 퍼터에 적응하려면 몇 달간 연습해도 자신감이 생길까 말까 하는데, 자주 교체하다 보면 적응하는 데 시간이 너무 오래 걸린다는 것이다.

아마 다음 얘기는 사실일 것 같다. 퍼터 교체 주기는 나이와 실력에 비례한다는 얘기 말이다. 젊은 골퍼는 주로 '거리'에 집착한다. 3퍼트는 용서가 돼도 200m를 채 못 미쳐 날아간 드라이버샷에 대해서는 스스로를 책망하고 안타까워한다. 물론 나이가 들어갈수록 샷 거리도 짧아진다.

처음에는 이 드라이버, 저 드라이버로 바꿔가며 거리가 줄어들지 않도록 버텨 보지만 어느 순간 거리는 포기하게 된다. 그러고 나서 눈을 뜨게 되는 것이 퍼팅이다. 나이가 들면 집중력이 떨어져 퍼팅 실력도 줄어든다. 그래서 더욱 퍼터 교체에 관심을 기울인다. 나이뿐만 아니라 고수가 될수록 퍼터를 자주 바

 　　　　　　　　　　　　주말골퍼, 똑바로 멀리치기!

꾸는 경향이 있다. 기량이 어느 수준까지 가면 스코어가 드라이버샷보다 퍼팅에 더 의존한다는 사실을 알게 되기 때문이다. 퍼팅 연습도 많이 하고 자신에게 맞는 퍼터를 찾으려고 애쓰게 되는 것이다.

최근 몇 년 간 최고의 화두는 퍼터였다. 특히 고정식 퍼팅 방식에 대한 뜨거운 논쟁은 주말골퍼, 프로골퍼 할 것 없이 퍼터를 얼마나 중요한 장비로 인식하고 있는지를 여실히 증명한다.

골퍼들은 긴 것(롱퍼터) 외에 굵은 것에도 열광한다. 최경주 양용은 등이 사용하고 있는 '왕 그립' 얘기다. 일반적인 퍼터 그립은 굵기가 20~25cm 정도다. 왕 그립은 보통 퍼터의 2배 가깝게 두껍다. 두꺼운 그립을 사용하는 이유는 분명하다. 손목 사용을 억제하는 효과가 좋기 때문이다. 어깨에 의한 시계추 스트로크를 잘 할 수 있도록 돕는다.

하지만 퍼터를 비롯해 장비에 너무 의존하는 골퍼는 잭 니클라우스의 이 한마디를 곰곰이 생각해볼 만하다. "내 기술을 의심한 때는 있어도 내 클럽을 의심한 때는 없었다." 중요한 것은 장비가 아니라 내 스윙과 내 샷에 대한 믿음과 확신이다.

Chapter 03

그립에도 타수가 숨어 있다고?

적절하지 못한 두께의 그립은 미스 샷의 원인이 되기도
한다.

미국프로골프(PGA)투어에서 가장 멀리 날리는 골퍼인 버바 왓슨(미국)은 참 특이한 선수다. 거구의 장타자 이미지와는 전혀 어울리지 않게 핑크색 드라이버를 쓰는가 하면 리키 파울러, 헌터 마한 등과 함께 힙합그룹 '골프 보이스'를 결성해 춤과 노래 솜씨를 뽐내기도 한다. 사실 그에게는 보통 골프팬은 잘 모르는 '튀는 비밀'이 있다.

주말골퍼, 똑바로 멀리치기!

바로 아주 굵은 그립을 쓴다는 점이다. 그의 핑 드라이버 그립은 일반 제품보다 지름이 0.95cm나 굵다. 원래 그는 테이프로 위쪽은 8번, 아래쪽은 6번 감은 그립을 낀 드라이버를 사용했다. 드라이버뿐 아니라 왓슨의 모든 골프채 그립이 일반 것보다 두껍다. 그래서 핑은 2004년 이후 그에게 특별히 그립을 두껍게 맞춘 드라이버를 제공하고 있다.

왓슨은 왜 이렇게 두꺼운 그립을 사용할까. 그립이 경기력에 미치는 영향은 어느 정도일까.

골프닷컴은 일반 골퍼들을 상대로 실험한 결과 10명 중 9명이 잘못된 굵기 그립을 사용하고 있다고 보도한 적이 있다. 현재 사용하는 것과 다른 두께 그립을 썼을 때 더 좋은 결과를 냈다는 것이다. 그러면서 골프닷컴은 그립 하나가 최대 5타까지 좌우한다는 다소 쇼킹한 결론을 내렸다.

톱 프로골퍼 중 가장 멀리 날리는 왓슨이 세계에서 가장 두꺼운 그립의 드라이버를 쓰는 이유는 분명하다. 치명적인 훅을 견제하기 위해서다. 장타자들은 공통적으로 악성 훅이나 드로 때문에 곤경을 치르는 사례가 많다. 특히 얇은 그립은 손목 회전이 잘 되고 클럽페이스가 닫힐 가능성이 크기 때문에 드로 구질을 구사하기에 좋다. 그래서 임팩트존에서 손목 롤링이 억제되는 두꺼운 그립을 사용하는 것이다. 왓슨이 등장하기 전까지 괴력의 장타자로 이름을 날렸던 존 댈리도 PGA투어에서 왓슨 다음으로 굵은 그립을 쓰는 것으로 알려져 있다.

물론 굵은 그립을 써 나쁜 점도 있다. 그립이 너무 두꺼우면 헤드 감각을 느끼기 어렵고 슬라이스가 날 수 있다. 또 샷 거리가 줄어드는 단점이 있다. 멀리 보내는 것은 자신 있지만 악성 훅으로 고민하는 골퍼라면 왓슨이나 댈리처럼 두꺼운 그립을 고려해 볼 만하다. 반대로 드로 구질로 바꿔 조금이라도 더 공을 멀리 보내고 싶다면 얇은 그립이 해결책이 될 수 있다.

다음은 일반적으로 그립 굵기가 적당한지 점검하는 법이다. 오른손잡이 골퍼는 왼손으로 그립을 잡은 상태에서 중지와 약지가 엄지손가락 아랫부분 손바닥 두툼한 곳에 살짝 닿는다면 적당하다. 손가락이 손바닥 안으로 말려 들어가면 가늘다고 할 수 있다. 만약 손바닥에 아예 닿지 않는다면 굵다고 볼 수 있다.

다양한 골퍼들의 요구에 따라 골프용품 업체도 예전과 달리 재질이나 기능 면에서 아주 여러 가지 형태 그립을 선보이고 있다. 왓슨과 비슷하게 그립 위쪽과 아래쪽 굵기와 재질이 다른 그립도 등장했다. 그리고 색깔이나 디자인은 눈부실 정도로 튄다. 기술뿐 아니라 감성적인 부분까지 다양하게 그립에 적용하고 있는 셈이다.

퍼터 그립은 더 다양하다. 한국 남자골프의 쌍두마차 최경주와 양용은이 쓰는 것은 보통 그립보다 몇 배나 두꺼운 왕 그립이다. 야구 방방이 두께의 그립을 쓰는 이유는 손목을 쓰지 않아 퍼팅의 견고함을 유지할 수 있기 때문이다.

왕년의 골프 여제 로레나 오초아나 프레드 커플스는 그립 감각을 높이기 위해 장갑을 끼지 않고 샷을 하기도 했다. 그립의 중요성을 제대로 파악하고 있었던 것이다. 아직도 그립이 보잘것없다고 생각하는가. 그립을 무시하는 순간 자신도 모르는 사이에 스코어 카드에서 최대 5타가 새어 나가고 있다.

Chapter 04

타수 까먹는 강한 골퍼 콤플렉스

군 골프장인 태릉CC 한 홀에는 장군봉이라는 게 있다. 티샷이 페어웨이 중간에 있는 봉을 넘으면 장군이 되고, 그렇지 못하면 장군이 될 수 없다고 해서 붙여진 게 '장군봉'이다. 캐디들이 페어웨이 중간 언덕을 넘기면 '오빠'라고 부르고 넘기지 못하면 '아저씨'라고 호칭한다는 홀을 가진 골프장도 있다.

대부분 골퍼들은 이 홀에서 그 언덕을 넘기려고 안간힘을 쓴다. 약한 것을 좋아 하는 한국 남자는 없을 테니까. 이 홀들은 한국 남자 골퍼의 고질적인 '골프 병'의 한 단면을 보여준다. 그 병은 다름 아닌 '강한 골퍼 콤플렉스'다. 본인의 체형과 힘, 그리고 스윙 스피드에 비해 '강한' 골프채를 쓰고 싶은 것도 바로 그 병 탓이다.

가장 대표적인 게 드라이버 로프트일 것이다. 한국 골퍼들은 골프 실력뿐 아니라 드라이버 로프트도 싱글(10 미만)을 좋아

한다. 로프트는 클럽 페이스가 누워 있는 각도를 말한다. 일반적으로 로트프 각이 작을수록 공의 회전이 적고 런도 많이 발생한다. 한국이나 일본 모두 남자용으로 가장 많이 팔리는 드라이버 로프트는 10.5도다. 하지만 두 번째로 많이 찾는 제품은 일본이 11.5도인 반면 한국은 9.5도로 다르다. 한국 남자 골퍼에게 11.5도는 '힘센 여자용' 정도로 인식된다. "어디 남자가 자존심 상하게 11도 이상 드라이버를 쓸 수 있느냐"는 게 한국 남자골퍼들의 공통된 생각이다.

미국프로골프(PGA)투어 선수들이 가장 많이 사용하는 드라이버 로프트가 9.5도다. 9도 이하 로프트 드라이버는 PGA투어 선수 중에도 힘 좋고 키가 큰 선수들이나 사용한다. 일본 던롭 모델 중에 로프트 각이 16도나 되는 드라이버가 있다. 힘이 약한 70대 시니어 골퍼를 겨냥한 제품이다. 일본에서 인기 상품인 이 드라이버는 국내에서는 판매가 잘되지 않았다고 한다. 나이는 들어도 여자 드라이버보다도 더 큰 로프트 제품을 사용할 수 없다는 자존심 때문이다.

여자들도 '강한 골퍼 콤플렉스'가 있기는 마찬가지다. 일본에서 여자 드라이버 로프트 중 가장 많이 나가는 것은 12.5도다. 13.5도짜리 드라이버를 사용하는 여자 골퍼도 꽤 있다. 하지만 국내에서는 11.5도 드라이버가 가장 많이 나가고, 13.5도는커녕 12.5도 드라이버도 잘 팔리지 않는다고 한다. "남자 드라이버가 잘 맞는다"며 10.5도 드라이버를 들고 다니는 여자 골퍼도 종종 볼 수 있다.

사실 선수 중에도 로프트 큰 드라이버를 쓰는 골퍼가 꽤 있다. 제이슨 데이(호주), 아론 배들리, 벤 크레인(이상 미국), 여자 장타자 청야니(대만) 등이 로프트 큰 드라이버를 선호하는 톱골퍼들이다. 통상 로프트 8.5도짜리 드라이버를 사용하는 타이거 우즈(미국)도 한때 10도짜리 드라이버를 들고 나와 변신을 시도한 적이 있고, 9도짜리 드라이버를 주로 쓰는 리 웨스트우드(잉글랜드) 역시 11도 드라이버를 사용하기도 했다. 이들은 로프트가 큰 드라이버로 높이 띄워야 공도 멀리 날아간다는 사실을 경험으로 알고 있다.

PGA투어 최고 장타자 버바 왓슨(미국)은 로프트가 큰 드라이버를 쓰는 것을 적극 권장하는 대표적인 선수다. 왓슨의 아내는 여자프로농구 선수 출신이다. 운동선수 출신이어서 장타를 칠 것으로 생각한 왓슨 예상과 달리 골프 입문 초기 아내의 드라이버 샷은 캐리(날아간 거리)로 170야드밖에 날아가지 않았다. 문제는 클럽에 있었다.

왓슨 아내가 골프에 입문할 당시 갖고 있던 드라이버 로프트는 9도짜리였다. 이 사실을 안 왓슨은 로프트 13도짜리 클럽으로 교체할 것을 권했고, 그러자 캐리가 215야드로 늘어났다. 진짜 장타를 치고 싶다면 가장 먼저 해야 할 게 바로 '변강쇠 콤플렉스'에서 벗어나는 것이다.

Chapter 05

부드러운 것이 강한 것을 이긴다

흔히 골프채의 샤프트는 자동차의 엔진으로 비유한다. 골프채의 중추 역할을 한다는 의미다. 사실 샤프트는 엔진이라기보다는 변속기로 보는 게 적합하다. 어떤 샤프트를 쓰느냐에 따라 거리, 방향, 탄도, 구질 등 모든 것이 변하기 때문이다. 어떤 비유를 하든지 골프채 성능의 50% 이상을 샤프트가 좌우한다는 사실에 대해서는 골프채 전문가들 대부분이 동의할 것이다.

아마도 주말골퍼들이 가장 궁금한 사항은 '어느 정도 강도(플렉스)의 샤프트를 택해야 하는가'다. 샤프트는 강도에 따라 X(extra stiff), S(stiff), SR(S와 R의 중간), R(regular), A(amature), L(lady) 등으로 구분된다. 통상적으로 헤드스피드가 60~65mph(시간당 마일)인 여자골퍼는 L을, 85~95mph인 남자 골퍼는 R를 고르면 적절하다. 남자 장타자의 헤드스피드는 100~105mph, 여자 프로골퍼는 95~100mph, 남자 프로골퍼는 120mph 안팎이다. 미셸 위는 106mph, 타이거 우즈는 125mph, 그리고 현 최고 장타자로 꼽히는 버바 왓슨은 126mph의 스윙스피드를 갖고 있는 것으로 알려져 있다. 이 헤드스피드에 적절한 샤프트 플렉스를 택해야 하는 것이다.

문제는 자신이 감당하기 버거운 강한 샤프트를 고집하는 골퍼들이 많다는 사실이다. 맞춤골프클럽 제작사 MFS골프의 전재홍 사장은 언젠가 R이 적합한 스윙스피드를 갖고 있는 골퍼가 무조건 S를 요구하기에 R 샤프트에 S 스티커만 붙여서 클럽을 제작해준 적이 있다. 그랬더니 나중에 너무 잘 맞는다며 고맙다고 사례를 하더라는 것이다. 어떤 강도의 샤프트를 고를지 고민된다면 부드러운 것을 택하는 게 이득이 될 때가 많다는 사실을 단적으로 보여주는 사례다.

다른 예도 있다. 오랫동안 힘 약한 주말골퍼에게나 통용되던 그라파이트 샤프트 아이언을 쓰고 우승하는 미국프로골프(PGA)투어 선수들이 늘고 있다는 사실이다. PGA 선수 중 그라파이트 샤프트 아이언을 쓰고 처음 우승한 선수는 2002년 PGA 챔피언 리치 빔(미국)이다.

2013년 메모리얼 토너먼트 우승자 맷 쿠차(미국)와 크라운 플라자 인비테이셔널 챔피언 부 위클리(미국) 역시 그라파이트 샤프트 아이언을 쓴다. 팀 클라크(남아공)와 제이슨 데이(호주)도 아이언 샤프트를 그라파이트로 바꾼 선수들이다. PGA 선수들조차 굳이 강한 스틸보다 유연성이 좋은 그라파이트 샤프트의 효용성을 깨닫기 시작한 셈이다.

너무 강한 샤프트를 써서 발생하는 문제는 거리가 줄어드는 것만이 아니다. 최상의 발사각을 만들어 낼 수 없기 때문에 탄도도 낮아진다. 탄도가 낮아지면 거리가 줄어드는 게 당연하다. 또 덜 휘어지며 임팩트가 되기 때문에 오른쪽으로 밀리거나 슬라이스가 나게 된다. 헤드 페이스가 열린 상태에서 임팩트되면 슬라이스가 나는 것과 같은 이치다. 또 강한 샤프트를 사용하면

 주말골퍼, 똑바로 멀리치기!

임팩트 때 둔탁한 느낌이 들어 '손맛'을 중요하게 여기는 국내 골퍼들에게 맞지 않다.

그렇다고 너무 약한 샤프트를 썼다고 거리가 늘어나는 것도 아니다. 너무 약한 샤프트를 쓸 경우 이번에는 탄도가 너무 높아 거리 손실로 이어진다. 또 샤프트가 너무 많이 휘어져 닫힌 상태로 임팩트가 되면서 왼쪽으로 감기는 샷이 자주 발생한다.

사실 샤프트 플렉스보다는 킥포인트가 탄도에 더 큰 영향을 미친다. 킥포인트는 샤프트의 아래, 중간, 위쪽 어느 부분에서 휘어지느냐에 따라 로우(low), 미들(middle), 하이(high)로 구분한다. 탄도가 낮은 골퍼는 로우 킥포인트 샤프트를, 반대로 탄도가 너무 높은 골퍼는 하이 킥포인트 샤프트를 쓰면 문제점을 보완할 수 있다.

다운스윙 때 코킹을 최대한 유지하는 골퍼라면 킥포인트가 그렇게 탄도에 영향을 미치지 않는다. 하지만 코킹을 일찍 풀어버리는 골퍼는 킥포인트가 탄도에 상당한 영향을 미친다. 샤프트에 관해서 잘못 알기 쉬운 것 중 하나가 바로 스틸이 그라파이트보다 강하고, 변하지도 않을 것이라는 생각이다. 그래서 스틸 샤프트 아이언을 쓰는 골퍼들은 샤프트 성능이 영구적일 것이라고 착각한다.

하지만 실제로는 그 반대다. 그라파이트 샤프트보다는 스틸 샤프트가 훨씬 변형이 잘 되고, 교체 주기도 빠르다. 스틸 샤프트는 복원력이 그라파이트 샤프트에 비해 현저하게 떨어지기 때문에 휘어지는 현상이 발생할 수 있다. 이로 인해 방향성에 나쁜 영향을 미치게 된다. 게다가 샤프트 내부에서 녹이 생겨 강도를 떨어뜨릴 수 있다.

샤프트 전문가들은 골퍼의 힘이나 스윙스피드에 따라서 달라질 수 있지만 통상적으로 그라파이트는 1만 회, 스틸은 5,000회 정도 스윙을 한 후 바꿔주는 게 적절하다고 본다. 스틸 아이언의 수명이 그라파이트에 비해 절반밖에 안 되는 셈이다. 아이언 중에서도 가장 수명이 짧은 것은 저항이 강한 벙커에서 사용하는 샌드웨지다.

골프용품 '각의 비밀'

골프대회가 열릴 때면 유명 골프용품업체의 피팅카가 총출동한다. 소속 선수들이 갖고 있는 골프용품을 원하는 대로 피팅해주기 위해서다. 이때 선수들이 주로 하는 게 바로 다양한 골프채 각도 조정. 대회가 열리는 골프장에서 가장 큰 효과를 볼 수 있도록 최적의 각도를 구하는 것이다.

그 중에서도 로프트 각은 골퍼들에게 가장 익숙한 각이다. 클럽 페이스가 누워 있는 각도를 말한다. 드라이버의 로프트는 보통 9도에서 12도. 일반적인 아이언은 3번 22도를 시작으로 5번 아이언까지 3도씩 차이가 난다. 6번 아이언부터 피칭웨지까지는 4도씩이다. 일반적으로 헤드가 더 세워진(로프트 각이 작을수록) 클럽은 공의 회전이 적고 탄도가 낮아 더 멀리 날아가고 런도 많이 발생한다. 7번 아이언이 8번 아이언보다 멀리 날아가는 이유다.

하지만 주말골퍼들이 프로골퍼처럼 5도나 7도짜리 드라이버를 사용했다고 무조건 멀리 날아가는 것은 아니다. '낮은 로프트=거리 증가'라는 공식이 성립되려면 스윙 스피드가 뒷받침이 되어야 하기 때문이다.

만일 스윙 스피드가 70mph인 골퍼가 로프트 각 10도인 드라이버로 볼을 친다면 볼의 탄도가 낮아 제대로 거리를 낼 수 없다. 대신 13도짜리 드라이버를 사용한다면 높아진 탄도 때문에 거리를 더 잘 낼 수 있다. 피팅 전문가 윤성범 씨의 말이다. "로프트 각에 변화를 주면 타구 각, 스핀 양 등이 변하면서 샷 거리에 영향을 준다. 하지만 아이언은 거리보다는 정확성을 요구하기 때문에 (아이언) 번호별로 일정한 거리가 나는 것이 좋다."

로프트 각이 거리에 영향을 미친다면 '라이 각'은 정확성에 영향을 주는 요소다. 라이 각은 글자 그대로 '누워 있다(lie)'는 의미로 어드레스 때 골프채 샤프트와 지면이 이루는 각을 말한다.

라이 각이 골퍼의 스윙이나 체형에 맞지 않다면 아무리 올바른 스윙을 해도 공은 예상한 방향으로 날아가지 않는다. 자신의 라이 각 상태를 알 수 있는 간단한 방법이 있다. 아이언 밑 부분 중 어느 쪽이 많이 닳았는지 보면 쉽게 알 수 있다.

헤드 안쪽이 많이 닳아 있으면 골프채가 너무 서 있다는 증거다. 반대로 헤드 바깥쪽에 상처가 많으면 너무 누워 있다는 증거다. 100야드 남은 거리에서 날린 샷이 라이 각이 1도 변하면 원하는 목표 지점에서 2.5cm나 빗나가게 된다.

'바운스 각'은 골프채를 지면에 댔을 때 솔(바닥)의 끝 부분(리딩 에지)과 솔의 맨 아래 부분이 이루는 각을 말한다. 바운스 각이 크면 벙커나 러프 같은 곳에서 헤드가 바닥에 박히지 않고 원활하게 빠질 수 있다. 공의 탄도도 높아진다. 반면 바운스 각이 작으면 단단한 모래 바닥이나 그린 에지에서 정교하게 공을 칠 때 유리하다. 단단한 바닥에 있는 공을 두툼한 바운스의 웨지로 치면 자칫 공의 허리를 때릴 수 있다.

Chapter 07

나 없인 골프 못 쳐요,
내 이름은 골프티

저는 골프용품 중 가장 초라하고 볼품없습니다. 흔하디 정말 흔하고, 가격까지 싸니 무시당할만 합니다. 네, 상상하시는 대로 바로 그 골프티입니다. 티잉 그라운드에서 공을 올려놓을 때 쓰는 골프 보조기구입니다. 하지만 제가 없다고 생각해보십시오. 골프장갑이 없어도 골프는 할 수 있습니다. 모자도 필수품은 아닙니다. 중요도로 따지면 골프채, 골프공, 그 다음이 골프티일 것입니다. 골프티 없이 드라이버샷을 한다고 생각해보십시오. 그게 가능하다고 생각하십니까.

그렇다면 이제부터 본격적으로 제 진짜 모습을 보여드리겠습니다. 골프티를 바라보는 시각은 극과 극이죠. 일단 소모품 정도로 보는 시각입니다. 티샷을 할 때마다 티 하나씩 날리는 스타일입니다. 보이면 줍고, 시야에서 사라지면 찾을 생각을 하지 않습니다. 이런 골퍼들의 티는 대체로 짧은 게 보통입니다. 롱

티 중에서도 짧은 것은 골프장 측에서도 한 움큼씩 카트에 준비
해 놓으니까요.

　반대로 골프티를 애지중지하는 주말골퍼 대부분은 아주 긴
롱티를 사용합니다. 긴 롱티는 구하기 쉽지 않기 때문에 한 개
라도 잃어버리면 골프공을 잃어버린 것보다 더 안타까워합니
다. 이런 골퍼들은 캐디에게 이런 꼭 당부를 하죠. "공 날아가는
것은 보지 않아도 좋으니 제발 티가 어디로 사라지는지 꼭 봐주
세요."

　프로골퍼와 주말골퍼 중 누가 더 티를 높게 꽂고 사용할까요?
정답은 주말골퍼입니다. 프로골퍼는 정확성을 중시하고, 주말

프로골퍼는 장타보다는 샷의 정확성을 중시하기 때문에 주말골퍼에 비해 티를 낮게 꽂고
샷을 한다.

골퍼는 거리에 중점을 두기 때문입니다. 프로골퍼 김대섭은 "바람의 영향 등을 꼼꼼히 계산해야 하고, 러프나 벙커 같은 장애물을 피해야 하기 때문에 정확한 샷을 하기 위해서 대부분 티를 낮게 꽂는다"고 설명합니다.

하지만 페어웨이가 넓거나 꼭 장타를 쳐야 하는 홀이라면 티를 높게 꽂고 상향 타격을 하죠. 프로골퍼 중에서도 주말골퍼처럼 약간 앞쪽(페어웨이 쪽)으로 기울여 티를 꽂는 이들도 있습니다. 상향 타격이 확실해 멀리 보낼 수 있다고 판단해서 입니다. 하지만 주말골퍼처럼 플라스틱 티를 사용하는 프로골퍼들은 거의 없습니다. 아무래도 나무티에 비해 골프채 헤드가 빠져나가는 데 저항이 생긴다고 판단하는 것이지요.

티 높이에도 제한이 있다는 사실을 아는 주말골퍼들은 별로 없을 것입니다. 골프규칙을 관장하는 영국골프협회(R&A)는 2004년부터 4인치(10.16cm) 이상의 골프티를 사용하지 못하게 하고 있습니다.

아무래도 긴 티를 이용하면 장타를 칠 수 있기 때문에 불공정하다고 판단한 것입니다. 프로골퍼 중에도 아주 긴 롱티를 사용했던 선수가 있습니다. 일본의 골프영웅 점보 오자키죠. 오자키는 보통 프로골퍼에 비해 두 배 가까이 높게 티를 꽂아 드라이버 샷을 했습니다. 야구 선수 출신이었던 오자키이기에 가능한 티 높이였죠. 드라이버 입스로 고생했던 김대섭은 한때 상당히 낮게 꽂고 쳤습니다. 하지만 드라이버샷에 자신감을 얻고 나서는 다시 높게 꽂고 샷을 합니다. LPGA에서 뛰었던 김미현은 "아이언샷을 할 때도 티에 올려놓고 샷을 하면 티를 사용하지 않았을 때보다 보통 5야드 정도 더 나간다"고 말하기도 했습니다.

골프티의 유래는 아주 흥미롭습니다. 가장 최초의 골프티는 흙뭉치입니다. 잔디와 흙을 뭉치고 그 위에 공을 올려놓고 샷을 했습니다. 지금도 이렇게 티를 만들어 사용하는 프로골퍼가 있죠. 여자 장타자 로라 데이비스입니다. 미셸 위도 잠시 데이비스처럼 잔디티를 사용해 티샷을 한 적이 있습니다.

조금 더 발전한 골프티는 '샌드 티'입니다. 젖은 모래를 뭉쳐 그 위에 공을 올려놓고 샷을 했습니다. 모래를 넣고 다니는 박스가 유행 했고, 그래서 '티박스(tee box)'라는 말이 생겼습니다. 처음으로 티를 만든 주인공은 치과의사 조지 프랭클리 그랜트입니다. 하지만 현대적인 티의 형태는 아니었고, 평평한 나무못

위에 공을 올려놓고 쳤습니다.

　현대적인 골프티는 윌리엄스 로웰이라는 사람이 만들었습니다. 로웰은 1925년 '레디티(Reddy Tee)'로 불린 이 골프티로 특허를 받았습니다. 로웰은 처음에 그린 색깔을 사용했지만 나중에 빨간색으로 바꿨습니다. 골프만큼 역사가 깊은 게 골프티 입니다. 이래도 저를 무시하실 겁니까?

Chapter 08

똑똑한 클럽 선택 조건 다섯 가지

이런 골퍼와는 내기를 하지 말라고 했다. 우선 웨지가 4개 이상인 골퍼. 분명 숏게임의 명수다. 100야드 이내 어떤 상황에서도 핀에 붙일 수 있도록 클럽을 구성한 것이다. 하지만 요즘에는 '하이브리드 클럽 3개 이상인 골퍼와 내기를 붙지 마라'라고 바꿔야 할 듯하다. 잘 맞지 않는 롱 아이언을 빼고 잘 맞는 하이브리드 클럽으로 싹 바꿀 정도로 스코어에 연연(?)하는 골퍼이기 때문이다.

만일 하이브리드 클럽 3개에 웨지까지 3종류를 갖고 다니는 골퍼라면? 확실한 '싸움닭'이니 피하는 게 상책이다. 주말골퍼들은 어떻게 골프채를 구성하느냐에 따라서 스코어가 크게 차이 날 수 있다. 1년에 한두 번 쓰는 3번 아이언을 골프백에 넣고 다녀야 무겁기밖에 더하겠는가. 과감히 3번 아이언 거리를 낼 수 있는 하이브리드 클럽으로 바꿀 필요가 있다.

‘골프 황제’ 타이거 우즈도 “2번 아이언은 20대에, 3번 아이언은 30대에, 그리고 4번 아이언은 40대에 골프백에서 빼겠다”고 말한 적이 있다. 물론 30대 후반인 우즈는 아직 3번 아이언을 골프백에 넣고 다니고 있긴 하다. 하지만 치기 버거운 골프채를 사용할 필요가 없다는 것은 우즈 스스로 잘 알고 있다.

웨지 샷이 자신 있다면 피칭, 샌드웨지뿐 아니라 갭 웨지나 로브 웨지도 장만할 필요가 있다. 골프백에 내게 맞는 골프채로 가득 차 있다면 다음은 클럽을 어떻게 선택해야 하는지가 중요하다.

골프채 선택 요령 다섯 가지다.

1. 얼마나 자신감을 갖고 샷을 할 수 있는 채인가 따져본다. 4번 아이언 거리라도 그 골프채가 자주 제대로 맞지 않는 채라면 선택할 이유가 없다. 잘못 맞은 4번 아이언보다 잘 맞은 5번 아이언이 더 멀리 나가는 법이다.

2. 두 번째는 골프공이 놓인 상태(라이)다. 만일 러프에 잠겨 있다면 아무리 욕심이 나더라도 3번 우드와 같은 채로 탈출을

주말골퍼, 똑바로 멀리치기!

시도하는 것은 바보짓이나 다름없다. 러프로 공이 갔을 때는 남은 거리에 맞는 채와 함께 러프에서 탈출하기 쉬운 로프트를 가진 채도 함께 갖고 가는 게 현명하다.

3. 핀 위치나 그린 상태가 어떤지도 고려해야 한다. 핀이 앞인지 뒤인지, 벙커나 해저드가 있다면 그것을 넘겨서 핀에 붙일 수 있는 위치인지, 아니면 그린은 빠른지, 느린지 등 총체적인 상황을 파악하고 클럽을 골라야 한다.

4. 그 다음으로 샷의 성공 확률이 어느 정도인가를 따진다. 프로골퍼들은 치명적인 결과를 가져올 수 있는 위기 상황일 때 웬만큼 성공 확률이 높지 않으면 그 골프채를 선택하지 않는다. 주말골퍼라면 더욱 신중하게 골프채를 선택할 필요가 있다.

장애물이 그린 어느 쪽에 있는지에 따라 클럽을 정하는 것도 좋다. 장애물이 그린 앞쪽에 있을 때는 긴 채로 부드럽게 샷을 하는 게 방법이고, 뒤쪽에 있다면 짧은 것을 선택하는 게 효과적이다.

5. 정확한 클럽 선택을 위해 가장 우선적으로 알아야 할 것이 클럽별 자신만의 '캐리 거리(날아간 거리)'다. 날아간 거리(캐리)와 굴러간 거리(런)를 합한 전체 샷 거리보다 '캐리'를 아는 것이 중요하다. 그린 앞에 벙커가 있을 때 과연 그것을 넘길 수 있는 캐리 거리가 얼마나 되는지 알고 그에 맞춰 클럽을 골라야 한다.

알고 있으면 도움 되는
골프룰

Chapter 01

타이거 우즈도 헷갈린
워터해저드 룰

　미남 골퍼 애덤 스콧이 우승한 2013년 마스터스 그린재킷은 사실 '골프 황제' 타이거 우즈의 몫이 될 뻔했다. 적어도 2라운드 15번 홀(파5)에서 세 번째 샷이 깃대만 맞지 않았다면 말이다. 깃대를 맞은 공은 워터해저드로 들어갔다. 만일 깃대를 맞지 않았다면 주말골퍼의 세계에서 'OK' 거리에 붙었을 것이다.

　하지만 우즈는 버디는 고사하고 워터해저드 룰까지 착각해 2벌타를 받았다. 사실상 한꺼번에 3타가 날아간 셈이다. 우즈는 무엇을 착각했고, 어떤 룰을 위반한 것일까? 우즈는 처음 샷 한 곳에서 최대한 가까운 지점에 드롭을 해야 했지만 2야드 정도 뒤에 했다가 2타를 손해봤다.

　당시 우즈는 골프규칙 제26조 제1항 '워터해저드 안에 들어간 볼의 구제'에 따라 세 가지 선택을 할 수 있었다. 드롭 구역, 최초 샷을 한 지점, 그리고 홀과 최후로 공이 해저드에 빠진 지점을 잇는 직후방이다.

드롭 지점에 갔다가 그곳 상태가 나쁘다는 것을 확인하고 원 위치로 돌아온 우즈는 최초 샷한 지점을 택했다. 하지만 순간 홀과 물에 빠진 곳을 잇는 후방 어느 지점에 자신이 드롭하고 있다고 착각한 모양이다. 그래서 2야드 쯤 뒤에서 샷하면 정확히 거리를 맞출 수 있다고 판단한 것이다.

워터해저드 룰은 사실 상당히 복잡하다. 주말골퍼 중에는 워터해저드 말뚝이 노란색과 빨간색 두 가지란 사실을 모르는 이도 많다. 그 차이는 두말 할 것도 없다. 워터해저드는 '워터해저드'와 '래터럴(병행) 워터해저드'로 다시 나뉜다. 그냥 워터해저드는 노란 말뚝이나 선으로, 래터럴 워터해저드는 빨간 말뚝이나 선으로 표시된다. 워터해저드에 공이 들어가도 일단 칠 수 있다면 벌타 없이 샷을 할 수 있다. 하지만 그런 상황은 그리 많지 않다.

먼저 노란색으로 표시되는 일반 워터해저드 룰부터 보자. 도저히 칠 수 없다면 일단 1벌타 후 드롭을 할 수 있다. 드롭 구역이 정해져 있지 않다면 두 가지 선택을 할 수 있다. 먼저, 처음 샷을 했던 지점으로 돌아가 치거나, 두 번째로는 볼이 최후로 해저드 경계선을 넘어간 지점과 홀을 연결한 임의의 직선상에 거리 제한 없이 해저드 후방 선상에 드롭하고 샷할 수 있다.

따라서 노란색으로 표시된 일반 워터해저드에 공이 빠졌을 때 물을 건너 샷을 할 수 있는 경우는 거의 없다고 보면 된다. 이번에는 빨간색으로 표시된 래터럴 워터해저드 룰이다. 래터럴 워터해저드 룰은 일반 워터해저드 룰보다 훨씬 복잡하다. 일단 선택의 폭이 넓다.

그냥 워터해저드 때 두 가지 드롭 방법에다 여기에 두 가지 옵션이 더 있다. 하나는 볼이 최후로 해저드 경계선을 넘어간 곳을 찾아 홀에 가깝지 않은 지점에다 두 클럽 길이 내에 드롭하거나 그리고 또 하나는 해저드 건너편 같은 거리에서 두 클럽 길이 내에 드롭하고 쳐도 된다.

래터럴 워터해저드에 볼이 빠질 경우에는 볼이 최후로 해저드 경계선을 넘은 곳 옆에 두 클럽 길이 내 지점에 드롭해 샷을 할 수 있는 상황이 제법 많다. 일단 이것만은 확실하다. 골퍼의 입장에서 보면 노란색(일반 워터해저드)보다 빨간색(래터럴 워터해저드)이 훨씬 유리한 상황이 많다는 사실이다.

Chapter 02

벙커 내에서의
언플레이어블 볼 드롭은?

마에스트로 골프장(경기도 안성) 레이크 코스 2번 홀(파4)에는 턱이 사람 키보다 훨씬 높은 벙커가 있다. 벙커만 넘기면 웨지를 잡고 홀을 공략할 수 있지만 티샷이 잘 맞지 않아 벙커에 빠졌을 때는 '모래의 악몽'에 치를 떨어야 한다. 경기도 여주의 솔모로 골프장에도 쉽게 탈출할 수 없는 무시무시한 수직 벙커가 많다.

스윙이 벙커 턱에 걸려 도저히 벙커를 빠져나올 수 없을 때는 어떻게 해야 할까? 주말골퍼 중에는 언플레이어블 볼을 선언한 뒤 공을 벙커 밖으로 갖고 나와 샷을 하는 이가 꽤 있다.

일단 벙커에서도 언플레이어블 볼을 선언할 수 있는 것은 맞다. US오픈에서 두 번이나 우승한 세계적인 톱골퍼 어니 엘스(남아공)조차 "한때 벙커에서 언플레이어블 볼을 선언할 수 있다는 사실을 몰랐다"고 할 정도로 쉬운 골프룰은 아니다.

하물며 드롭을 할 때 벙커 내에다 드롭을 해야 한다는 사실을 아는 주말골퍼는 얼마나 되겠는가. 높은 벙커 턱 바로 밑에 공이 있거나 볼이 박혀 도저히 샷을 할 수가 없다고 판단될 때 언플레이어블 볼을 선언할 수 있다.

그때 1벌타 후 택할 수 있는 선택은 모두 세 가지다. 첫째, 처음 쳤던 곳으로 되돌아가 샷을 한다. 둘째 볼이 있던 곳에서 홀에 가깝지 않은 지점에다 두 클럽 길이 내에 드롭해 샷한다. 세 번째 볼이 있던 곳과 홀을 연결하는 후방선상에 드롭하고 친다. 여기까지는 언플레이어블 볼을 선언했을 때와 다를 게 없다. 하지만 두 번째와 세 번째 옵션을 택하면 '벙커 내'에다 드롭해야 하는 조건이 더 들어간다. 벙커 밖으로 나가서 샷을 해야 하는 경우는 처음 샷한 지점으로 돌아가는 방법 외에는 없다.

벙커샷에 자신 없는 골퍼라면 가급적 벙커 밖에서 샷을 하는 첫 번째 옵션을 택하고 싶을 것이다. 하지만 만약 티샷한 공이 벙커에 들어갔다면 다시 원위치로 돌아갈 엄두가 나지 않을 것이다. 국내 골프장 사정상 그렇게 하기도 힘들다.

하지만 그린 근처에서 샷을 했다가 잘못 맞아 벙커에 들어갔

 주말골퍼, 똑바로 멀리치기!

다면 1벌타 후 원위치에서 샷을 하는 것이 타수를 줄이는 현명한 선택일 수 있다. 벙커 내에서 드롭을 한다면 공이 모래에 박힐 가능성이 꽤 높다.

만약 그렇지 않고 두 번째나 세 번째 옵션을 선택했을 경우 반드시 '벙커 내 드롭'이란 사실을 잊지 말아야 한다.

Chapter 03

공이 벙커 고무래에 걸렸을 때 구제는?

벙커 모래를 고르는 기구를 고무래라고 한다. 이 고무래가 어떤 때는 잘 맞은 샷이 그린에 굴러 올라가는 것을 방해하기도 하고 또 어떤 상황에서는 벙커에 들어갈 공을 잡아주기도 한다. 일단 고무래를 사용하고 나서 어떻게 놓을 것인가에 대한 기본적인 상식 하나. 가급적이면 그 고무래가 다른 플레이어의 샷에 영향을 미치지 않도록 신경 써서 놓아야 한다. 특히 잘 맞은 샷이 그린으로 향하다 고무래에 맞지 않도록 하는 것이 가장 중요하다.

주말골퍼의 세계에서는 고무래에 관해 가장 논란을 일으키는 것 중 하나가 벙커로 내려가던 공이 마침 경사에 놓여 있는 고무래에 걸렸을 때일 것이다. 만일 고무래를 치웠을 때 공이 움직이지 않고 멈춰 있다면 문제될 것이 없다. 그냥 샷을 하면 된다.

하지만 공이 굴러 벙커로 내려갔을 때 논란이 자주 발생한다.

그냥 벙커 안에서 쳐야 한다고 아는 주말골퍼가 의외로 많다. 나머지 동반 플레이어가 모두 우기는 바람에 그대로 샷을 한 경험이 있는 골퍼가 꽤 많을 것이다. 다수의 무지가 오히려 올바른 사람을 희생하게 만드는 현상이 골프룰과 관련한 논란에서 자주 발생한다.

이런 논란을 만들지 않으려고 어떤 골퍼는 아예 조그마한 골프 규칙을 캐디백에 넣고 다니기도 한다. 벙커샷에 자신 없는 골퍼는 이 룰을 잘 알고 다니면 타수를 줄일 수 있다. 공이 원래 있던 지점에 리플레이스한 뒤 샷을 하는 게 정답이다. 이 경우는 거의 일어나지 않지만 공이 고무래 위에 올라가 있을 수도 있다. 이때는 볼 위치에 마크한 뒤 볼을 먼저 집은 뒤 고무래를 들어야 한다. 그리고 나서 볼을 리플레이스하고 샷을 하면 된다.

Chapter 04

카트 도로에 멈춘 볼의 구제

카트 도로에 공이 멈췄을 때 구제를 받는다는 사실을 모르는 골퍼는 없다. 카트 도로는 움직일 수 없는 인공장애물이기 때문에 스탠스를 취하거나 스윙을 하는 데 방해되면 벌타 없이 드롭을 할 수 있다. 이 룰은 잘 알고 있으면서도 어느 지점에 어느 정도까지 구제를 받을 수 있는지는 모르는 주말골퍼가 많다.

카트 도로에서 구제를 받을 때 가장 중요한 것이 바로 니어리스트 포인트(가장 가까운 구제 기점)다. 카트 도로 한 클럽 길이 이내에 드롭을 하는 것이 아니라, 니어리스트 포인트로부터 한 클럽 이내에서 드롭하고 쳐야 하기 때문이다.

이제 니어리스트 포인트를 정하는 규칙을 보자. 니어리스트 포인트는 첫째, 장애물을 피한다. 둘째, 홀에 가깝지 않아야 한다. 셋째, 볼에서 가장 가까운 지점이다. 어드레스를 취했을 때 이런 조건을 만족하는 공의 위치가 바로 니어리스트 포인트다.

니어리스트 포인트가 정해지면 그곳에 티를 꽂아 표시를 하고 그곳으로부터 한 클럽 이내에 드롭하고 샷을 하면 된다. 이때 드롭한 공이 홀 쪽으로 가깝게 굴러 가거나 다시 카트 도로의 방해를 받을 경우 재드롭을 할 수 있다. 또 두 번째 드롭마저 같은 상황이 연출되면 이번에는 공이 떨어진 지점에 놓고 샷을 하면 된다.

만약 카트 도로 때문에 구제를 받았는데, 어떤 이유로 카트 도로를 밟고 샷 하면 2벌타를 받게 된다. 구제를 받으면 무조건 카트 도로를 완전히 벗어나야 한다. 이루어질 수 없는 일이라고 생각하면 오산이다. 물론 주말골퍼의 세계에서 이렇게 꼼꼼하게 룰을 적용할 일도 없긴 할 것이다. 하지만 프로골퍼 중에서는 카트 도로에서 구제를 받다가 오히려 벌타를 받은 경우가 있다.

비행기 사고로 유명을 달리한 미국의 프로골퍼 페인 스튜어트는 1993년 미국프로골프(PGA)에서 카트 도로에 볼이 떨어져 구제를 받아야하는 상황을 맞았다. 드롭을 하고 샷을 하는데, 그만 오른발 뒤꿈치가 여전히 카트 도로에 걸렸다. 카트 도로

때문에 구제를 받았다면 완전히 벗어난 상태에서 샷을 해야 하
는 데 이를 어긴 것이다. 이 장면은 TV 중계 화면에도 나왔고 결
국 그는 2벌타를 받아야 했다.

Chapter 05

OB와 해저드는 모두 1벌타

볼이 워터해저드에 빠졌을 때 1벌타를 받는다는 사실은 골프 초보자도 잘 알고 있다. 하지만 간혹 OB(Out of Bounds)가 1벌타인지 2벌타인지를 놓고 설전을 벌이는 장면을 자주 목격할 수 있다. 골프규칙은 친 볼이 OB가 났을 때 샷한 지점에서 되도록 가까운 지점에서 1벌타를 받은 뒤 샷을 해야 한다. 티샷이 OB가 났으면 다음 샷은 세 번째 샷이 되는 것이다. 하지만 국내 골프장 중에는 경기 진행을 원활히 하기 위해 OB티를 마련해 놓은 곳이 많다. OB티에 가서 샷을 하면 네 번째 샷이 된다. 그래서 골퍼들이 2벌타를 받고 샷을 하는 것이라고 착각하게 되는 것이다.

워터해저드에 빠졌을 때 빠진 지점으로 가서 1벌타 후에 세 번째 샷을 하는 것과 혼동하는 셈이다. OB나 해저드는 모두 1벌타이지만 OB는 원 위치에서 해저드는 빠진 지점에서 샷을 하는 차이가 있는 것이다.

하지만 워터해저드에 빠졌더라도 해저드가 공이 날아가는 지점부터 시작되는 상황이라면 OB와 전혀 다를 게 없다. 2007년 토마토저축은행오픈에 출전한 국내 프로골퍼 김창민은 제주 제피로스 골프장 5번 홀(파4)에서 6번이나 OB를 연속 낸 끝에 무려 17타 만에 홀아웃을 했다. 13타를 까먹은 것이다. 한홀 17타는 여전히 한국 프로골프 사상 한 홀 최다 타수 기록으로 남아 있다.

이보다 한참 전인 1998년 베이힐 인비테이셔널에 참가한 존 댈리는 6번 홀(파5)에서 320야드를 보내야 넘기는 워터해저드에 무려 6번이나 빠뜨려 18타를 쳤다. 역시 13타를 까먹은 것이다. 결국 OB 6방이나 해저드 6방이 똑같은 결과를 만들어 낸 셈이다.

Chapter 06

혼동하기 쉬운
몇 가지 골프룰

- 한 스트로크에 볼이 클럽헤드에 두 번 맞으면 1벌타

주말골퍼 중에는 유난히 한번 샷에 공을 두 번 맞히는 이른바 '투 터치'를 하는 이가 있다. 주로 그린 근처 러프에서 샷을 할 때 자주 발생한다. 이때 다음 샷이 몇 타 째인지를 놓고 언쟁이 오가기도 한다. 이 경우 그 스트로크를 1타로 하고, 1벌타를 추가한 뒤 다음 샷을 해야 한다. 두 번째 샷에서 '투 터치'가 나왔다면 다음 샷은 세 번째가 아니라 네 번째 샷이 되는 것이다. 그렇다고 한 스트로크에 두 번이 아니라 세 번 네 번 맞았더라도 1벌타만 받는다.

- 볼이 움직이면 1벌타, 흔들리면 무벌타

골프를 하다 보면 어드레스 중에 공이 클럽헤드에 닿아 흔들릴 때가 있다. 만약 흔들리기만 했다면 벌타를 받지 않는다. 그러나 볼이 움직였다면 1벌타가 가해지고 볼을 제자리에 갖다 놓고 플레이를 해야 한다.

- 지주목이 타구 방향에 영향을 줄 때

지주목이 스윙이나 스탠스에 방해되면 벌타 없이 구제를 받을 수 있다. 지주목은 움직일 수 없는 인공장애물이기 때문이다. 만약 날아가는 공이 지주목에 맞힐 우려가 있을 경우에는 가끔 논쟁이 벌어진다. 그때도 구제받을 수 있다고 주장하는 주말골퍼가 일부 있다. 하지만 이때는 구제받지 못하고 그냥 쳐야 한다. 그것도 싫다면 언플레이어블 볼을 선언한 뒤 1벌타 후 드롭해 샷을 할 수 있다.

- 워터해저드와 OB 경계선의 차이

OB와 워터해저드만을 놓고 봤을 때 OB가 워터해저드에 비해 더 치명적이라고 할 수 있다. 그래서 한 가지 OB가 워터해저드에 비해 유리하게 해 놓은 게 있다. 바로 경계선의 해석이다. OB는 선이나 말뚝에 조금만 걸치더라도 OB가 나지 않은 것으로 본다. 하지만 워터해저드는 반대다. 선이나 말뚝에 조금이라도 걸쳤다면 워터해저드에 빠진 것으로 간주한다.

긴장 푸는
유머 골프의 힘

Chapter 01

골프장의 'a'형들

흔히 '혈액형 A형은 소심하다'고들 한다. 정말 그럴까? A형 골퍼들을 한번 보자. '골프 황제' 타이거 우즈, '여자 지존' 신지애, 2010년 한국여자골프 상금왕 이보미, 배짱 좋기로 유명한 유소연. 누가 이들을 소심하다고 하겠는가. 이들만 보면 혈액형과 골프 특성은 별 연관이 없다고 할 수 있다.

하지만 골프장에는 소심한 주말골퍼들이 은근히 많다. 진짜 혈액형과 달리 골프장의 '소문자 에이(a)형' 골퍼들인 셈이다. 이런 'a'형 골퍼들은 대체로 비슷한 특징을 갖는다. 전반에 강하고 후반에 약하다. 긴 퍼팅은 자신 있지만 짧은 퍼팅은 영 글렀다. 홀판에 강하고 배판에 약하다. 첫 홀 티샷은 성공보다 실패가 많다. 파3홀에서 이른바 '사인'을 받았을 때 툭하면 미스 샷을 한다. 갤러리(?)에 약한 탓이다. 퍼팅은 홀에 미치지 못하는 경우가 대부분이다.

특히 경사진 곳에서 퍼팅할 때 소심한 골퍼들은 아마추어 사이드(홀컵 아래로 휘는 퍼팅)로 치는 경향이 있다. 반대로 홀컵 위로 흐르는 퍼팅 즉 '프로 사이드'는 대범한 골퍼의 퍼팅 스타일이다. 소심한 골퍼는 절대 튀는 옷을 입지 못한다. 자신을 드러내지 않는 어두운 색 위주의 색상을 좋아한다면 필시 a형 골퍼일 가능성이 높다.

대회 마지막 날 상대를 주눅 들게 하기 위해 빨간색을 즐겨 입는 우즈는 A형 골퍼이지만 a형은 아니다. 짧은 퍼팅을 홀컵 뒷벽을 때리도록 강하게 스트로크 해주는 신지애 역시 A형 골퍼지만 a형 골퍼는 아니다

카트가 멀리 있을 때 캐디에게 클럽을 바꿔 달라고 하지 못하는 골퍼 역시 a형 골퍼의 대표적인 스타일이다. 거리에 맞지 않는 클럽으로 그냥 대충 샷을 하게 되고, 대체로 좋은 결과로 이어지지 않는다.

이들의 마음 속에는 "실수하면 어떻게 하지?", "남들이 내 스윙을 어떻게 볼까?" 등 부정적인 생각이 많이 있다. 이들은 또 구찌에 약하다. 일본어로 '입'이란 뜻의 골프 은어 '구찌(くち)'는 말로 상대방을 흔들어 놓는 심리전의 한 수단이다. 상대가 a형 스타일 골퍼라고 확신한다면 상대가 짧은 버디 퍼팅 기회를 잡았을 때 "에이, 한번만 봐달라"고 한번 해보라. 그럼 그 말이 마음이 걸려 실패할 확률이 높아진다. 짧은 버디 퍼팅보다 긴 버디 퍼팅을 넣는 확률이 높다면 확실한 a형 골퍼다. 짧은 퍼팅일수록 마음이 더 흔들리기 때문이다.

그린 근처에서 퍼터를 자주 잡는 골퍼도 대표적인 a형 주말골퍼다. 조급하고 스트레스를 많이 받는 스타일도 역시 다르지 않

다. 레이업은 a형 골퍼의 전매특허다. a형의 골퍼는 또 돈을 자주 잃지만 따더라도 대부분 돌려주고 싶어 한다.

문제는 a형 골퍼들의 성적이 실력에 비해 좋지 않게 나온다는 사실. 전반에 잘 나가다가도 심리적 압박감을 많이 받는 후반에 무너지는 성향이 짙다. 당신은 a형 골퍼의 특성 중 몇 가지를 가졌는가? 대범한 스타일의 골퍼로 거듭나고 싶지는 않은가. 2009년 한국여자골프 상금왕에 올랐던 '미녀 골퍼' 서희경은 대표적인 'a형' 골퍼였다고 한다. 그의 실제 혈액형은 B형이다. 하지만 그는 자신을 '소심한' B형이라고 소개한 적이 있다. 하지만 골프할 때 성격을 대범하게 바꾼 덕에 우승을 연거푸 할 수 있게 됐다고 한다. '소심한 B형'에서 '대범한 B형'이 되면서 골프 신데렐라가 된 것이다.

한 재계 총수가 "소심한 더블보기보다는 과감한 트리플보기가 낫다"고 말한 적이 있다. 이런 대범한 마음이 있었기에 대그룹을 아무 탈 없이 이끌 수 있는 것이다. 골프를 잘 하고 싶은가. 싱글핸디캐퍼가 되고 싶은가. 그렇다면 골프장의 a형 골퍼에서 벗어나는 게 가장 먼저 해결해야 할 숙제다.

Chapter 02

골프의 황당 스코어

바보, 독재자, 그리고 하느님 중 누가 가장 낮은 골프 스코어를 칠까? 먼저 독재자의 골프다. 티샷을 하면 OB(Out of Bounds)가 나든지, 해저드에 빠지든지, 아니면 공이 어디론가 사라지든지 어느새 공은 페어웨이 한가운데 놓여 있다. 부하들이 코스 곳곳

주말골퍼, 똑바로 멀리치기!

에 숨어서 공이 날아오면 페어웨이 쪽으로 던져주기 때문이다. 파3홀에서는 항상 그린에 올라가 있고, 파4홀은 2온, 파5홀은 늘 3온이다. 그리고 한 가지 더. 그린 위에 올라가면 무조건 'OK(기브)'다. 후환이 두려워서 어디 퍼팅해보라고 할 수 있겠는가. 독재자의 스코어는 언제나 18언더파 54타다.

이번에는 하느님의 골프를 보자. 골프를 잘 알지 못하는 하느님이 캐디에게 물었다. "어디로 보고 치면 되지?" 캐디 왈. "예, 티샷은 저기 보이는 나무를 향해 치시면 됩니다." 페어웨이로 간 하느님이 다시 물었다. "이번에는 어디로 쳐야 하지?" "예, 그린에 올리시면 됩니다." 그리하여 그린 위로 올라간 하느님, "이제 어떻게 하면 되지?" "네, 그냥 홀에 넣으시면 됩니다." 한 번의 퍼팅으로 홀아웃한 하느님의 첫 홀(파4) 스코어는 버디다.

2번홀 티잉 그라운드에 올라 선 하느님. "귀찮게 뭐 그렇게 할 필요가 있어"라고 하시더니 티샷을 그대로 홀로 넣는 것이 아닌가. 2번 홀부터 18번 홀까지 모두 홀인원이다. 이렇게 해서 나온 하느님의 스코어는 무려 52언더파 20타.

바보의 골프는 정말 당혹스럽다. 그만 첫 홀 티샷이 왕 슬라이스가 나더니 공이 18번 홀 그린 쪽으로 날아가 버렸다. 그런데 이걸 어째, 핀 바로 옆에 떨어진 공을 본 바보가 손에 든 채로 '툭' 쳐서 홀아웃해 버리는 게 아닌가. 그러면서 70언더파 2타를 쳤다고 우긴다. 웃자고 한 '동화 속 골프 스코어' 얘기다.

하지만 실제로도 독재자 버금가는 기록이 있다. 1960년대와 1970년대에 걸쳐 PGA투어에서 뛰었던 호메로 블랑카스는 1962년 아마추어였을 시절 55타를 친 적이 있다. 모두 13개의 버디와 1개의 이글을 잡았고, 총 18홀을 도는 동안 퍼팅은 단 20개로 끝냈다. 5,000야드 조금 넘는 코스에서 나온 이 기록은 한동안 기네스북에 올라 있었지만 나중에 기네스북 측에서 6,500야드 이상 코스에서의 기록만 인정해주면서 삭제됐다.

골프 기록에는 '에이지 슈트'라는 것도 있다. 자기 나이보다 같거나 적게 쳤을 때 에이지 슈터가 된다. 물론 이 기록도 6,000야드 이상에서 친 것만 인정해주고 있다. 가장 젊은(?) 나이에 에이지 슈터가 된 골퍼는 1975년 59세에 59타를 친 봅 해밀턴이다. 공식 대회에서 가장 젊은 나이에 에이지 슈터가 된 선수는 월터 모간. 챔피언스투어에서 뛰던 모간은 2002년 61세 때 AT&T 캐나다시니어오픈에 출전해 60타를 쳤다. 2,623회 에이

  주말골퍼, 똑바로 멀리치기!

지 슈트를 기록한 에디슨 스미스라는 골프광도 있다.

물론 한 홀에서 하느님의 18홀 스코어보다도 더 많이 친 프로골퍼도 있다. 1927년 토미 아머는 샤우니오픈에서 23타를 쳐 아직까지 이 부문 신기록 주인공에서 벗어나지 못하고 있고, 1978년 프랑스오픈에서도 한 선수가 파3홀에서 20타를 친 적이 있다.

아직 한 번도 20타를 넘겨보지 않았지만 한 홀에서 두 자릿수 스코어를 가장 많이 친 골퍼는 '다혈질' 존 댈리다. 1998년 베이힐 인비테이셔널에서 공을 6개나 해저드에 갖다 바치며 18타를 친 댈리는 무려 8번이나 '더블 디지트' 스코어를 냈다. 이번에는 단 한번도 72타 이상을 치지 않은 전설(?)의 아마추어 골퍼 얘기다.

항상 캐디와 단 둘이서만 라운드하는 이 골퍼는 72타가 넘을 것 같으면 캐디에게 외친다. "오늘은 여기까지다. 클럽 챙겨라. 돌아가자." 이 전설의 골퍼는 한번도 72타를 넘겨 본 적이 없지만 아직까지 18홀을 모두 끝낸 적도 없단다.

Chapter 03

부러운 골퍼, 얄미운 골퍼, 미운 골퍼

인터넷에 떠도는 '3대 얄미운 골퍼'가 있다. 비거리 줄었다고 하면서 가장 멀리 보내는 골퍼, 새벽 골프 오면서 와이프에게 아침 밥 얻어먹었다고 자랑하는 골퍼, 매일 공치러 다니는데도 회사까지 잘 돌아가는 골퍼가 그들이다.

그것뿐이겠는가. 허리 아프다고 하면서 오히려 제일 멀리 보내는 골퍼, 아내가 늘 골프 가방 챙겨준다고 떠버리는 골퍼, 공만 치러 다니면서 승진은 늘 빠른 골퍼가 얄미울 수 있겠다. 사실 '3대 얄미운 골퍼'는 모두 시기의 대상이자 동시에 부러움의 대상이다. 속이 쓰리기는 하지만 솔직히 '부러운 골퍼'임을 부인하기 힘들다.

장타 치면서 숏게임도 잘하는 골퍼, 레귤러 온 한 번 시키지 못하면서 파를 밥 먹듯이 하는 골퍼, 골프도 잘 치는데다 언변도 좋아 캐디에게 늘 인기 있는 골퍼는 또 어떤가. 3번 우드로 티샷을 하고도 드라이버 잡은 나보다 멀리 보내는 골퍼도 얄밉기 보다는 부럽다고 해야 맞을 것이다.

이런 골퍼는 또 어떤가. 아내가 내기에 쓰라며 용돈을 두둑하게 챙겨줬다고 자랑하는 골퍼나, 아내가 직접 골프장까지 데려다 주고 모시고 간다고 말하는 골퍼다. 도대체 아내에게 무엇을 그렇게 잘 하길래 저렇게 융숭한 대접을 받는지 궁금증을 떨쳐내기 힘들다. 그러나 동시에 주말골퍼라면 누구나 이런 얄미운 골퍼를 꿈꾸고 있는지 모르겠다.

하지만 현실이 어디 그런가. 새벽 골프를 치러 가면서 혹시라도 아내나 아이들이 잠에서 깰까 불도 켜지 못하고 조심조심 가방을 챙겨 갖고 집을 나섰던 경험. 누구나 갖고 있을 것이다. 보통의 주말골퍼에게 현실과 꿈은 이처럼 멀리 떨어져 있다. 하지만 전혀 부럽지 않고 오로지 얄밉기만 한 골퍼도 꽤 있다.

퍼팅을 할 때 상대가 '앗, 잘못 쳤다'고 소리쳤는데 공은 홀컵으로 쏙 들어 갔을 때 기분 좋아할 골퍼는 별로 없을 것이다. 말이나 하지 않았으면 기분이라도 나쁘지 않으련만. 만일 자신이 그랬다면 상대에게 꼭 '미안하다'고 이야기해주길. 내가 그런 얄미운 골퍼가 될 수도 있다. 누구에게나 충분히 일어날 수 있는 일이기 때문이다.

페어웨이 한 번 밟지 않고서도 툭하면 파세이브하는 골퍼, 슬럼프라고 말하면서 평소보다 스코어 더 좋은 골퍼, 돈 한 푼 못 먹었다고 구시렁거리다가 막판에 싹쓸이 해 가는 골퍼쯤은 애교로 넘어갈 수 있다.

하지만 얄밉다는 표현만으로 안 될 꼴불견 골퍼도 있다. 멀리건 받아서 버디를 잡고도 '버디 값'을 꼭 챙겨 가는 골퍼는 누구에게도 환영 받지 못한다. 멀리건이라는 게 무엇인가. 상대가 워낙 스코어가 엉망이다 보니(사실 돈을 많이 잃다 보니) 동정심이 생기는 것 아닌가. 이를테면 '공 것'인 셈이다. 버디 값 정도는 면제해주는 게 상대의 아량에 대한 예의인 것이다.

자신이 돈을 잃었을 때는 징징 울면서 개평을 많이 받아 내려 하면서도 정작 자신이 돈을 땄을 때는 언제 그랬냐는 듯 최대한 많이 챙기려 하는 골퍼도 좋은 소리를 듣지는 못한다. 자신은 엄청난 슬로우 플레이어이면서도 남들에게는 왜 공을 그렇게 늦게 치냐고 다그치는 골퍼는 정말 밉상이다. 남을 배려할 줄 모르고 자신만 아는 얌체 골퍼의 전형이다.

사실 진짜 밉상 골퍼는 툭하면 규칙을 어기면서 좋은 스코어를 내는 골퍼다. 양심 있는 골퍼는 어쩌다 실수로 규칙을 위반하게 되면 그게 두고두고 마음에 걸려 그날 라운드를 망치게 된다. 반대로 양심 없는 골퍼는 규칙을 어길수록 스코어가 좋아진다. 이런 골퍼가 상사나 어려운 상대를 만나 규칙을 지키면서 골프를 하게 되면 상상을 초월한 최악의 스코어가 나온다.

당신은 부러움을 받는 골퍼인가? 얄미움의 대상인가? 그도 아니라면 미움을 받는 골퍼인가?

Chapter 04

골퍼들의 거짓말

예전에 '3대 거짓말'이란 게 있었다. '시집가기 싫다'는 처녀의 말, '밑지고 판다'는 장사꾼의 말, 그리고 '빨리 죽고 싶다'는 노인의 말이 그것이다. 두 번째 이야기는 여전히 거짓말일 것이다. 손해를 보면서 장사할 사람 아무도 없을 테니. 하지만 사회가 급변하다 보니 첫 번째와 세 번째는 심각한 사회 문제가 되고 있다. 결혼하지 않는 여자들이 많아지고, 노인의 자살률이 늘어나는 것은 우리 사회가 하루 빨리 해결해야 할 숙제다.

골퍼들에게도 3대 거짓말이 있다. "(엉망인 스코어를 내고서) 내가 다시 골프채 잡으면 사람도 아니다", "불과 일주일 전만 해도 이렇지 않았는데, 오늘 따라 정말 너무 골프 안 맞네", "너무 오랜 만에 골프채를 잡았는데 공이라도 맞추려나 모르겠다."

캐디들이 말하는 골퍼들의 3대 거짓말은 조금 다르다. "내가 만난 캐디 중 언니가 제일 예쁘다", "나 오늘 머리 올리는 날이야, 잘 부탁해”, “골프공 나간 것은 찾을 필요 없어.” 주말골퍼의 시각과 캐디의 눈이 다르다 보니 서로 생각하는 거짓말도 다를 것이다.

라운드 전과 라운드 후의 거짓말도 달라진다. 라운드 전은 주로 꼬리를 내리는 거짓말이 대부분이다. “요즘 너무 연습을 안 했는데 공이 잘 맞으려나 모르겠네”, “어제 과음을 했더니 집중이 전혀 되지 않네”, “요즘 완전 환자야, 팔 다리 허리 어깨 안 저리는 데가 없어.” 사실 거짓말이라고 하기보다는 핑계에 가깝다.

라운드가 끝나면 호기로운 거짓말로 바뀐다. 늘 핸디캡을 받던 주말골퍼도 “다음엔 스크래치야!” 큰소리친다. 물론 다음 라운드 때가 되면 “내가 언제 그랬냐”며 꼬리를 내릴 게 뻔하지만.

하지만 골퍼들의 ‘진짜’ 거짓말은 “굿 샷”일 것이다. 내기가 전혀 걸려 있지 않은 정말 ‘친선’ 라운드라면 마음속에서 우러나오는 “굿 샷”을 외치겠지만 두둑한 스킨이라도 걸린 홀이라면 속마음은 전혀 다를 것이다.

그럼 “나이스 버디”는 또 어떤가? 버디를 맞으면 ‘버디 값’으로 나가는 돈이 이만저만이 아닌데, 기쁜 마음에서 우러나오는 소리는 아닐 것이다. 상대의 기쁨은 내 아픔이 되는 게 골프, 아니 내기의 속성이다. 마음에도 없는 굿 샷 외침은 '심리적인' 거짓말이라고 해야 할 것이다.

"굿 샷"을 갖고 교묘하게 심리전에 이용하는 주말골퍼를 본 적이 있다. 잘 치든, 못 치든 그는 무조건 "굿 샷"을 외친다. 그럼 '굿 샷' 소리를 들었다가 자기의 공이 '배드샷'이 되는 것을 확인한 골퍼는 심리적으로 상당히 충격을 받게 된다.

주말골퍼가 가장 힘든 거짓말을 해야 할 때는 '36홀' 플레이가 잡힌 날이다. 36홀을 하려면 이른 새벽에 나가서, 밤늦게 돌아와야 하지만 감히 그런 얘기를 아내에게 꺼낼 수 없다. "골프랑 나가 살라"고 하면 얼마나 마음이 아프겠는가.

그래서 다양한 거짓말을 구상한다. "멀리, 원정골프를 간다"는 둥, "골프 끝나고 회사에 잠시 들러야 한다"는 둥, "교통이 너무 막히는 데라서 시간이 오래 걸릴 것"이라는 둥. 하지만 그 정도 눈치를 못 채는 아내는 별로 없다. 가끔씩 거짓말이라는 것을 알면서도 눈감아주는 게 주말골퍼를 남편으로 둔 아내의 마

   주말골퍼, 똑바로 멀리치기!

음이다.

사실 골퍼들은 집으로 돌아가고 나서 진짜 거짓말을 하게 된다. 아내가 늘 묻는 말. "오늘 골프는 어땠어?" 그럼 남편은 매번 똑같은 대답을 한다. "물론 모두 다 죽여 놨지, 내가 누군데! 자여기 오늘 딴 돈."

아내 앞에서 기 죽기 싫은 건 육체적 사랑을 할 때만은 아니다.

Chapter 05

보약 같은 골프유머

웃음은 보약이다. 실제로도 많이 웃을수록 젊음을 유지한다고 한다. 하지만 웃음의 횟수나 시간은 나이와 거꾸로 간다. 나이가 들수록 웃음은 없어진다. 어릴 때는 시도 때도 없이 웃던 사람도 한두 살 나이가 들면서 웃는 횟수가 확연히 준다. 여고생들은 낙엽이 떨어지는 것만 봐도 '까르르' 웃는다고 하지 않았나. 하지만 40대만 넘어도 인상파 배우가 된 것처럼 좀처럼 웃지 않는다.

골프장에서는 골프 잘 치는 사람이 최고다. 하지만 그보다 더 존경 받는 사람은 유머를 잘하는 이다. 내기를 하면 자칫 분위기가 험악해지기 마련인데, 이때 골프 유머 한마디에 얼어

붙었던 분위기가 '사르르' 녹는다. 그런데 이 골프 유머라는 게 주로 야한 이야기 투성이다. 여자 캐디들이 주위에 있으면 차마 민망해서 듣고 나서 호탕하게 웃을 수 없을 정도다.

살짝 짧고 야한 유머 한 가지.

여자 캐디: 사장님, 몇 번 (아이언) 드릴까요?

장난 심한 남자 골퍼: 그냥, 여러 번 주면 안 될까?

잘못하면 충분히 성희롱감인 위험천만한 유머다. 골프 유머라고 해서 모두 분위기를 살리지는 않는 법이다. 때와 장소를 가리지 못하는 골프 유머는 분위기를 더 엉망으로 만들 수도 있다. 분위기를 잘 파악할 줄 아는 유머가 진정 최고의 유머라 할 것이다. 야한 유머보다는 이런 것은 어떤가.

나: '왜'를 5번만 해봐.

친구: 왜 왜 왜 왜 왜!

나: 틀렸다.

친구: 왜?

나: 방금 한 번 더 했잖아.

간단하면서도 훨씬 재미있지 않은가. 요즘 골프장에서는 때늦은 사오정 시리즈 비슷한 유머가 많다. 전라도 건달 4명이 라운드를 했다. 한 명의 공이 OB 구역으로 날아가려고 하자, 다른 건달이 "노 프라블럼(No, Problem)"이라고 외쳤다. 그러자 티샷한 건달이 이번에는 "리얼리(Really)"라고 외치는 것이 아닌가.

이를 유심히 듣고 있던 다른 두 명의 건달이 지인들과 라운드를 할 기회가 있었다. 두 건달 중 한명이 티샷한 공이 OB 구역으로 날아가자, 다른 건달이 외친다. "노파(높아)불고", 그러자 이번에는 티샷한 건달이 이를 받는다. "릴리리."

사실 가장 박장대소하면서 웃은 장소는 골프장이 아니다. 엄숙한 교회였다. 사실 목사님의 설교 내용은 잘 기억나지 않는다. 하지만 설교 말씀 도중 했던 유머가 너무 강렬해서 지금도 잊히지 않는다. 내용은 이렇다. 목사님이 어느 날엔가 설교를 엉망으로 했다. 말도 버벅 거린 것 같고, 내용도 앞뒤가 맞지 않은 것 같았다. 인상 쓰는 얼굴을 하고 있자니, 할머니 한 분이 오시면서 하는 말. "오늘 설교 말씀에 은혜를 많이 받았어요. 고마

워요.”

얼굴이 환해지는 목사님. 그런데 저만치 가던 할머니가 뒤를 돌아보시며 목사님을 향해 한마디를 ‘툭’ 던지고 간다. “특히 소 젖꼭지 얘기가 너무 재미있었어요.” 고맙다며 목례까지 하고 난 목사님이 잠시 후 머리를 갸웃거린다. “그런데, 소 젖꼭지 얘기를 내가 하긴 했나?”

어떤 설교를 했는지 궁금해서 집으로 돌아와 다시 찬찬히 자신이 쓴 설교 원고를 보고 있는데, 입가에 퍼지는 웃음을 어쩌지 못하는 목사님. 자신이 작성한 설교지 어느 한 부분에는 이런 문구가 써 있었다.

“무릇 크리스찬이라고 하면 ‘소극적이지 말고 적극적인(소 젖꼭지)’ 사람이 되어야….”

Chapter 06

OB 예찬

무엇일까? 골프를 가장 흥미롭게 하는 요소 말이다. 대체로 짤순이는 좋아하고, 장타자는 싫어한다. 이것 때문에 가끔 코스에서 분쟁이 생긴다. 스코어에 가장 악영향을 끼친다. 내가 했을 때는 억장이 무너지는 것 같고, 남이 했을 때는 솔직히 마음속에 웃음꽃이 핀다.

상상한대로 'OB(Out of Bounds)' 얘기다. 한번에 2타를 잃게 하는 OB는 골퍼의 적이다. 누구에게도 환영받지 못하는 게 OB란 놈의 속성이다. OB 때문에 눈물을 흘린 프로골퍼도 숱하게 많다.

김창민 선수는 2007년 토마토저축은행오픈 때 한 홀에서 여섯 차례 연속 티샷 OB를 낸 적이 있다. 당시 그가 기록한 스코어는 파4홀 17타. 한국 최고의 장타자 김대현 선수도 2010년 메리츠 솔모로오픈 당시 한 홀에서 4개의 OB를 낸 적이 있다. 그의 장타력만큼 화끈하게 OB를 냈다고 해서 화제가 됐다.

프로골프 역사상 한 홀 최악의 타수인 23타도 OB 때문이었다. 1927년 샤우니오픈에서 토미 아머란은 티샷을 무려 10차례 OB를 내며 23타를 쳤다. 그는 사실 21타를 쳤지만 혹시 적게 타수를 적었다고 이의를 제기할까봐 일부러 23타를 기입했다고 한다. 물론 신지애처럼 거의 OB를 내지 않는 선수도 있다. 1년에 한 번 나오면 많이 나오는 것이라고 하니 OB는 오히려 그에게 '효자' 같은 존재다. OB가 없었다면 '여자 지존'이란 소리도 못 들었을 지도 모른다. OB는 골퍼의 적이지만 공공의 적은 아닌 모양이다.

골프에 박진감을 불어 넣는 이 OB가 가끔은 주말골퍼 사이에 논쟁을 일으키기도 한다. 'OB가 1벌타냐? 2벌타냐?' 하는 것 때문이다. OB는 분명 1벌타다. 원래 골프룰은 OB가 나면 같은 자리에서 1벌타를 받고 친다. 하지만 주말골퍼의 경우 통상적으로 페어웨이에 마련된 OB티에 나가서 치기 때문에 2벌타처럼 느껴지는 것이다.

OB 말뚝도 이따금 논쟁이 된다. OB 말뚝이 샷을 방해할 때 그냥 뽑아서 치는 골퍼들이 있기 때문이다. OB 말뚝을 뽑으면 2

벌타다. 프로골퍼조차 잘 모르고 OB 말뚝을 뽑고 쳤다고 2벌타를 받은 적이 있다. OB를 냈을 때 하늘이 무너지는 느낌을 받은 골퍼가 많겠지만 그 OB가 골프에 재미를 불어 넣는다는 것에 이의를 제기할 이는 별로 없을 것이다.

OB가 없다고 상상해보라. 그럼 골프장은 장타자의 천국이 될 것이다. 긴장이라는 요소도 반감될 것이 분명하다. '골프는 심리 게임'이라는 그 유명한 문구도 공허하게 들릴지 모르겠다. 'OB가 난 공과 집 나간 마누라는 찾지 않는다'는 농담도 사라질 것이다.

OB와 관련해 인터넷에 떠도는 우스갯소리다. 내게 OB는 'Out of Bounds'의 약자다. 하지만 동반자의 OB는? 물론 'Oh! Beautiful'의 약자란다. 솔직히 내가 버디 했을 때보다 남이 OB를 냈을 때 묘한 쾌감이 흐르는 것은 주말골퍼의 어쩔 수 없는 (?) 마음이다.

골프 하수와 골프 고수는 OB가 났을 때 다르게 반응한다. 하수는 그 홀을 쉽게 포기하고, 고수는 절대 포기하지 않는다. 삶을 살다 보면 누구나 몇 차례 '인생 OB'를 내기 마련이다. OB를 내고 안 내고는 중요한 게 아니다. OB 이후 닥친 난관을 어떻게 극복하느냐가 중요하다. OB 후 행동은 그 골퍼의 삶의 모습과도 연관된다. 난관이 닥쳤다고 쉽게 포기하는 골퍼에게 누가 믿고 일을 맡기겠는가.

물론 여자들은 OB 내는 남자를 더 좋아한다는 야한 농담도 있다. 사랑을 나눌 때 다시 한 번 더 해야 하기 때문이라나 뭐라나.

Chapter 07

주말골퍼 아내로 살아가기

'아내가 골프에 이의를 제기하면 아내를 바꾸고, 직업이 골프에 방해가 되면 다른 직업을 찾으라.' 어디선가 들었던 골프 속담 중 하나인 것 같다. 간이 붓다 못해 배 밖으로 튀어 나온 이 '간 큰 남자'가 과연 어떤 인물인지 늘 궁금했었다.

이 말을 한 돈 헤럴드(1889~1966년)는 다행히(?) 유머 작가다. 유머 작가이니 '웃기려고 한 얘기' 쯤으로 해석할 수도 있을 것이다. 그는 일러스트와 만화에도 능통했고, 무엇보다 골프를 무척 좋아했던 인물이었던 것 같다. 그의 저서 중에는 골프 관련 서적도 있다. 1952년에 《Love That Golf》란 책을 썼고 작고하기 1년 전에 내놓은 책도 골프 서적(제목은 《Adventures in Golf》였다)이었다.

주말골퍼의 아내로 살아가려면 가슴 속에 '참을 인(忍)'자 여럿을 새기고 있어야 한다. 남편이라고 하는 양반이 평일에는 접대다 부서 회식이다 하면서 허구헌 날 술 마시고 늦게 들어오고, 주말이 되면 중요한 골프 약속이 있다며 '휭~'하고 나가 버리니 어찌 인내심이 필요하지 않겠는가. 그래서 나온 말이 '골프 과부'다. 남편이 있으되, 툭하면 골프 친다고 밖에 나가서 살다시피해 나온 말이다.

골퍼의 아내들이 골프 유머에 희화화된다는 사실을 안다면 더 화가 날지 모르겠다. 희화화된 대표적인 사례로 '골프와 아내의 공통점'이란 유머가 있다. 간추리자면 대충 이렇다. 한 번 결정하면 바꿀 수 없다, 내 마음대로 안 된다, 너무 예민하다, 변화무쌍하다, 힘들 때는 결별하고 싶은 마음도 생긴다, 정말 이해 안 갈 때가 있다.

심지어 이런 것도 있다. 홀 근처만 가면 겁이 난다. 사실 골프에 미치게 되면 아내를 상대로 한 거짓말도 늘어나게 된다. 골프는 치러 가야겠지, 곧이곧대로 얘기했다가는 잔소리만 듣게될 게 뻔하지. 거짓말이라도 해서 그 순간을 헤쳐 나가고 싶어진다. 주말골퍼라면 아내에게 한번쯤은 해봤을 3대 거짓말이 있다.

"(36홀을 하고는) 차가 너무 막혀서 늦었어, 미안해", "골프장에서 나를 이길 상대는 없어. 모두 죽여 놨지", "이번 한번만 봐줘, 다음 주에는 애들 데리고 놀러 가자고." 이렇게 골프에 미친 남편을 골탕 먹일 수 있는 두 가지 팁.

남편이 맞춰 놓은 알람시계를 1시간 정도 늦게 바꿔 놓는다. 그럼 약속 시간에는 가까스로 맞추겠지만 톡톡히 마음 고생할 것이다. 옷을 챙겨 주겠다며 팬티는 자신(아내)의 것을, 양말은 아들 것을 넣어 준다. 아마 찜찜하더라도 골프할 때 입었던 속옷과 양말을 다시 재활용(?)해야 할 것이다.

만약 정말 아내가 골프와 가정 중 하나를 고르라고 한다면 당신은 어떻게 할 것인가.

일단 유머 하나. 골프광이 친구에게 하소연하는 중이었다.

골프광: 아내가 내게 골프를 그만두지 않으면 내 곁을 떠나겠다고 하더군.

친구: 그래서 어떻게 할 생각인가.

골프광: 그녀를 그리워할 것 같아, 오래도록!

정말 이런 행동을 할 주말골퍼는 한명도 없을 것이다. 2006년 14년 간 결혼생활을 접고 이혼한 콜린 몽고메리의 전 아내 이혼 서류에 '나를 불안과 우울 속에 남겨둔 것은 남편의 골프 사랑이었다'고 했다. 골프에 빠진 주말골퍼들은 심각하게 자신의 골프 생활을 돌아봐야 할 것이다.

'간 큰 남자' 돈 헤럴드가 남긴 골프 속담이 하나 더 있다. 골프는 제멋대로인 여자와 비슷하다. 그래도 나는 그녀를 사랑할 것이다.

골프란 무엇인가

도대체 골프란 무엇인가

매년 똑같은 시험 문제를 내는 어느 대학교 경제학과 교수가 있었다. 문제는 단 하나, '경제란 무엇인가'였다. 학생들은 시험을 준비하면서 다른 것은 아예 신경 쓸 필요도 없었다. 어느 해인가, 수강생들은 당연히 그 문제가 나올 것으로 기대하면서 교수가 칠판에다 시험 문제 쓰기만을 기다리고 있었다. 그러나 그 교수가 시험 문제를 내는 순간 갑자기 강의실이 술렁거리기 시작했다.

'ㄱ'자로 시작해야 할 시험 문제가 'ㄷ'자로 시작됐기 때문이다. 하지만 강의실은 다시 금방 조용해졌다. 문제는 이랬다. '도대체, 경제란 무엇인가?' 단지 '도대체'가 더 붙은 것이다.

갑자기 왜 경제 얘기냐고 할지 모르겠다. 굳이 설명하자면 '골프란 무엇인가'에 대해 물으면 '경제란 무엇인가'에 못지않게 다양한 대답이 나올 것 같아 경제 얘기를 먼저 꺼냈다.

여느 종목처럼 골프 역시 체력이 성적을 좌우하는 스포츠인 것이다.

우선 골퍼들 사이에서도 의견이 분분한 게 골프가 '스포츠에 가깝냐 아니면 게임 쪽에 가깝냐'는 것이다. 분명 스포츠라고는 하지만 축구나 농구처럼 운동량이 많지 않고, 내기가 곁들여진 다는 점에서 생각이 갈린다고 할 수 있다. 하지만 골프는 올림 픽 정식 종목에 채택된 엄연한 스포츠다. 선수들은 4라운드가 되면 급격히 체력이 저하된다고 어려움을 호소한다. 나이 30대 를 넘기면 성적이 크게 나빠지는 이유도 체력이 따라주지 못하 기 때문이다. 여느 종목처럼 골프 역시 체력이 성적을 좌우하는 스포츠인 것이다.

정신적인 면에서 '골프란 무엇인가'에 대한 견해는 다양하다. 해리 바든은 "아침에 자신감을 주었다가도 저녁에는 실망을 하게 하는 게임"이라고 했다. 바든의 말처럼 골프의 특성 중 하나는 변화무쌍하다는 것이다.

아침과 저녁 사이는 오히려 너무 길다는 생각이 든다. 홀마다 느낌이 다르고, 샷마다 상태가 변하는 게 골프다. 첫날 선두가 나흘 내내 리드를 지키다가 정상을 차지하는 와이어 투 와이어 (wire to wire) 우승이 힘든 이유도 여기에 있다. 영국의 골프 평론가 헨리 롱허스트는 '골프란 무엇인가'에 대해 상당히 심오하게 해석을 내린 인물이다.

먼저 이런 얘기를 했다. '골프의 유일한 결점은 너무 재미있다는데 있다.' 아직 골프에 입문하지 않은 사람이 들으면 분명 '팔불출 소리한다'고 할지 모르겠다. 하지만 골퍼들은 제대로 짚었다고 할 것이다. 또 '골프를 보면 볼수록 인생을 생각하게 되고, 인생을 보면 볼수록 골프를 생각하게 된다'고 했다. '골프 속에서 인생을 생각하고, 인생 속에서 골프를 배운다'는 의미다.

이처럼 롱허스트는 골프와 인생을 비교하고 분석하며 다양한 해석을 시도했다. 골프는 또 마음의 게임이다. 골프의 90%가 멘탈이라고 한 이도 있고, 심지어 100% 모두 멘탈이라고 하는 이도 있었다. 누군가는 "골프만큼 그 사람의 성질을 잘 드러내는 게임이 없다"고도 했다.

아주 독특한 해석도 있다. 대문호 마크 트웨인은 '골프는 망쳐버린 산책'이라고 했다. 골프장을 걷는 것은 산책과도 같은데, 너무 걱정 근심을 많이 해서 그런 해석을 내렸는지 모르겠다.

순종을 배우는 게임이 또 골프다. 바람과 맞서지 말고, 코스와 맞서지 말고, 캐디와 맞서지 말아야 하는 스포츠가 골프인 것이다. 무엇보다 가장 맞서지 말아야 할 것은 자기 자신이다.

물론 골프는 '자신과의 싸움'이라고 했다. 하지만 정말 자신과 싸우라는 얘기는 아니다. 골프를 하다 보면 욕심이 생길 때가 있다. 성공할 확률은 20%도 안 되는데도 불구하고 그 가능성에 도전하고 싶어진다. 자신과의 싸움이라는 의미는 이렇게 '원래의 나'를 벗어나려고 하는 나를 다스리라는 것이다. 그 상황을 싸운다고 표현한 것일 뿐이다.

당신에게는 골프가 도대체 무엇인가.

Chapter 02

이유 있는 '골프 탓'

골프를 하다 보면 정말 어처구니없는 날이 있다. 골프공이란 놈이 벙커란 벙커는 죄다 찾아 다니고, 더위를 피하고 싶은지 물(해저드)만 만나면 얄밉게 그 안으로 쏙 들어가 버린다. 잘 맞았다 싶으면 디봇 자국 안에 들어가 있고, 언덕을 맞고 튕겨도 꼭 나쁜 쪽으로만 방향을 잡는다.

이런 날을 도대체 어떻게 설명해야 할까? 실력이 부족해서? 요즘 나쁜 일을 많이 해서? 아니다. 그냥 재수 없는 날일 뿐이다. 아니, 재수 '탓'이라도 하지 않으면 당장 골프채를 통째로 던져 버리고 싶어질 게다. 이런 날이 가끔 찾아 와도 골프를 포기하지 않는 이유는 아마도 골프에는 '탓'을 할 게 많아서일 것이다.

재수 탓은 그중 으뜸이다. 재수가 나쁘다는데 그보다 더 탓할 거리를 찾을 수 있겠는가. 코스 탓도 할 만하다. 벙커 많고, 해저드 많고, OB 많은 곳에서 잘 칠 수 있는 골퍼는 몇 안 될 테니까.

장타자라면 더욱 이런 코스에서 좋은 스코어를 내기 힘들다. 코스 탓할 만한 충분한 이유가 있는 것이다.

어떤 날은 정말 이해하기 힘든 곳에 핀이 꽂혀 있을 때도 있다. "그린키퍼 아저씨가 어제 무슨 기분 나쁜 일이 있었나?"하고 신경질 내봤자 어차피 그 홀을 마무리해야 한다. 그런데 이런 그린에서는 운 좋은 사람과 운이 나쁜 사람이 극명하게 갈리는 게 문제다. 같은 거리라도 공이 떨어진 지점에 따라 상황이 극과 극을 달린다. 누구는 1퍼트로 홀 아웃을 하고, 누구는 3퍼트나 4퍼트를 했다면 그 후로 분위기는 '싸'해진다.

그 홀에서 돈을 왕창 잃은 골퍼는 그린키퍼 아저씨 탓이라도 하지 않는다면 그 황당한 기분을 해소할 길이 없다. 최근 개장한 골프장 그린은 정말 종이를 구겨 놓은 것 같은 곳이 많다. 공이 잘 안 맞는 날 장비 탓을 하는 골퍼도 꽤 많다. 이유도 다양하다. "너무 오래돼서…", "아직 손에 익지 않아서…", "그립을 바꿨더니…" 등등.

사실 장비 탓은 주말골퍼보다 프로골퍼가 더 심하게 한다. 몸에 맞지 않는 장비는 분명 샷에 나쁜 영향을 미친다. 그만큼 이유가 있는 '탓'인 것이다. '탓할 거리'를 찾기 시작하면 한도 끝도 없다.

어제 잠을 못잔 탓, 아내와 말다툼을 한 탓, 술 한 잔 한 탓, 동료를 잘못 만난 탓…. 어떻게든 오늘 골프 못 친 이유를 찾아내야 내일 골프를 기대할 수 있는 것 아니겠는가. 하지만 하지 말아야 할 탓도 있다.

바로 캐디 탓이다. 어떤 클럽을 고를 것인지, 어느 방향으로 퍼팅을 해야 할 것인지 최종 결정은 골퍼 자신이 해야 한다. 캐디는 그저 도움을 주는 보조자일 따름이다.

'골프 황제' 타이거 우즈조차 슬럼프에 빠졌을 때 12년 동안 동고동락을 했던 캐디(스티브 윌리엄스)를 바꾼 걸 보면 '캐디 탓'은 누구라도 쉽게 찾을 수 있는 '공 안 맞는 이유'인 모양이다. 하지만 이 사실 하나는 알고 넘어가야 할 것이다. 캐디 탓을 하는 골퍼를 보는 동료들의 눈은 곱지 않단 사실이다. 캐디 탓하는 골퍼는 일상생활에서 자신의 뜻대로 되지 않을 때 분명 동료 탓을 할 소지가 있다.

하지만 골프를 치면 누구라도 공감할 것이다. 공 안 맞을 때 하는 가장 멋진(?) 이유는 바로 '내 탓'이라는 사실을. 우즈도 모든 부진을 '내 탓'으로 돌린 후 마침내 멋지게 부활의 샷을 날렸다.

Chapter 03

폼 우습다고?
스윙은 개성이야!

"마치 나무에서 떨어지는 문어 같다." 짐 퓨릭의 8자 스윙을 누군가 그럴싸하게 표현한 것이다. "정원의 물 호스로 뱀을 잡으려고 내리치는 것 같다." 이건 양쪽 손에 모두 장갑을 낀다고 해서 '양손 글러브'란 별명을 갖고 있는 토미 게이니의 스윙을 묘사한 것이다.

상상을 초월한 변칙 스윙이 주말골퍼 세계에만 있는 것은 아니다. 세계 최정상 프로골퍼 중에도 비정상적인 스윙을 하는 선수가 의외로 많다. 퓨릭이나 게이니의 스윙쯤은 그다지 독특한 편에 속하지도 않는다.

1980년 PGA투어에서 3승을 거두고 시니어투어에서는 13번 우승을 차지한 짐 소프란 선수도 있다. 그의 스윙에 대해 '소프보다 더 과격하게 임팩트 존으로 다운스윙하는 선수가 없다'고 할 정도다. 살아 있는 골프 전설 아놀드 파머도 스윙이 그다지 아름답지 못하다. PGA투어에서 62승을 거둔 그의 스윙에 대해 '스윙'이라기보다는 뭔가를 '부수는 동작' 같다고 한 전문가도 있다. 팔을 하늘 높이 쳐드는 듯한 피니시는 누구도 따라 하기 힘들 정도다.

PGA 19승을 거둔 허버트 그린은 얼마나 손목 코킹이 심한지 한 칼럼니스트는 "그의 스윙은 어둠 속에서 술 취한 사람이 열쇠 구멍을 찾는 것 같다"고 혹평한 적이 있다. 그린 스스로도 "한번은 동영상으로 보다가 토할 뻔했다"고 자기 스윙에 대해 농담하기도 했다. "바람 속에서 우산을 펴려는 것 같다"는 표현을 들은 밀러 바버란 선수도 있었다.

최악의 변칙 스윙으로 평가 받는 주인공은 두 번 캐나다 아마추어 챔피언에 오르고 두 차례 캐나다 PGA 챔피언이 된 모 노먼이다. 노먼은 현대 스윙에서 나쁘다고 하는 점은 모두 갖고 있을 정도다. 뻣뻣한 어드레스에, 과도한 스웨이, 몸이 따라 나가는 피니시까지 누구도 따라할 수 없는 스윙을 가졌다.

자, 이제 주말골퍼의 세계로 와보자. 주말골퍼들의 스윙은 참으로 오묘하다. 스텝을 밟는 것은 예사이고, 8자 아니 7자, 9자를 그리는 것 같은 스윙도 허다하다. 이런 스윙으로 70, 80대 스코어를 내는 것을 보면 정말 '의지의 골퍼'라고 칭찬해주고 싶다. 주말골퍼의 스윙은 사실 변칙 아닌 것이 없다. 스윙 축은 두 갠지 세 갠지 구분하기 어렵고, 올라갈 때 스윙 궤도가 다르고 내려올 때 스윙 궤도가 또 다르다.

잘 모르는 이와 골프를 할 때 절대 하지 말아야 할 게 바로 '타인의 스윙을 비웃는 것'이다. 누구인들 타이거 우즈나 로리 매킬로이 같은 스윙을 하고 싶지 않겠는가? 주머니 사정이 어려워 홀로 독학한 주말골퍼가 아름답고 기계 같은 스윙을 바라는 것은 도둑놈 심보나 다름없다.

역시 골프 전설 중 한명인 리 트레비노가 남긴 말은 변칙 스윙을 하는 주말골퍼에게 든든한 힘이 된다.

"골프는 어떻게 아름다운 스윙을 하느냐가 아니라, 어떻게 같은 스윙을 실수 없이 되풀이할 수 있느냐의 게임이다." 한국 골프의 간판스타들인 최경주와 양용은의 스윙은 그다지 아름답지는 않다. 타이거 우즈나 로리 매킬로이처럼 어릴 적 골프를 시작할 때 제대로 된 스승을 만나지 못한 탓도 있을 것이다. 하지만 그들은 세계 최고의 프로골퍼가 됐다. 같은 스윙을 실수 없이 되풀이할 수 있는 능력은 누구보다 탁월했기 때문이다. 그리고 그것이 가능했던 것은 그만한 노력과 자신의 스윙에 대한 믿음이 있었기 때문이다.

내 스윙을 사랑하지 않고서야 어찌 자신감 있는 샷을 할 수 있겠는가. 최경주 양용은을 차치하고라도 변칙 스윙의 대가들이 주는 교훈은 '스윙은 자신감'이란 불변의 사실이다.

Chapter 04

장타자의 숙명

"드라이버샷은 쇼, 퍼팅은 돈이라고?", "천만에! 만만에 말씀"이라고 반박할 이들이 많을 것이다. 물론 이런 말을 하는 골퍼들은 대부분 장타자들이다. 장타자들은 장타를 폄하하는 소리를 가장 싫어한다. 장타를 치지 못하는 골퍼들의 질투와 시기에서 비롯된 것이라고 생각한다. 하지만 그러면서도 장타자들만의 숙명이 존재하는 사실을 부인하지는 않는다.

전 세계 어느 투어에서도 장타 1위가 상금 1위가 된 뉴스를 들은 적이 있는가. 존 댈리, 버바 왓슨, 미셸 위 등은 압도적인 장타력을 갖고 있으면서도 아직 상금왕이 된 적이 없다.

'롱 드라이브 콘테스트'라는 이벤트 대회가 있다. 말 그대로 세계 제일의 장타자를 뽑는 대회다. 출전자들은 350야드 정도는 우습게 날리고, 400야드를 넘길 때도 있다. 그들에게 붙는 별명도 우악스럽다. '스윙콩(Swing Kong)', '골프질라(Golfzilla)',

'야수(Beast)', '강철인간(Man of Steel)', '거구(Big)' 등등.

평균 350야드 정도 칠 수 있으면 매 홀에서 버디를 잡을 수 있을 것 같다. 이런 장타력을 갖고 있으면서 왜 PGA투어에 도전하지 않는지 의아스럽기까지 하다. 하지만 이들은 "투어 토너먼트와 롱 드라이브 콘테스트는 완전히 다른 게임"이라고 말한다. 그들은 어쩔 수 없는 '장타자의 숙명'을 잘 알고 있다.

이제 주말골퍼의 세계로 돌아와보자. 장타를 치는 주말골퍼들에게도 나름대로 고민이 있다. 장타자 치고 쇼트게임 좋은 골

   주말골퍼, 똑바로 멀리치기!

퍼가 별로 없다. 만일 장타를 치면서 쇼트게임까지 좋다면 '골프 황제' 타이거 우즈가 부럽지 않을 것이다.

장타는 힘을 요구하지만 쇼트게임은 섬세함과 집중력을 필요로 한다. 키 크고 덩치 좋은 골퍼치고 섬세한 골퍼는 별로 없다. 멀리 보내는 것은 문제 있지만 거리를 맞추는 것은 영 자신이 없다. 50cm만 보내도 버디 기회를 만들 수 있지만 웨지로 가볍게 툭 친다는 것이 그만 홈런이 나와서 그린을 훌쩍 넘겨 버린다. 어떤 때는 '털썩' 뒤땅이 나와 장타자를 실망시킨다.

드라이버샷만 장타를 치는 것이 아니라 아이언샷도 장타, 웨지 샷도 장타, 심지어 퍼팅마저도 장타다. 장타자의 본능은 어느 샷에서도 숨길 수가 없다. 퍼팅 실력도 대체로 키가 작은 골퍼가 좋다. 시쳇말로 "막창 난다(공이 똑바로 날아갔으나 너무 멀리 가는 바람에 OB 구역이나 해저드에 빠지는 것)"며 우드나 아이언을 잡았을 때 자주 쪼루를 내는 것도 장타자의 숙명 중 하나다.

이런 생각 때문이다. "아이언이나 우드로도 잘 맞아서 OB 구역이나 해저드로 가면 어떻게 하지?" 본인의 장타를 너무 과신하다 보니 마음껏 스윙을 가져갈 수 없다. 짤순이들이야 드라이버를 잡아도 막창이 날 이유가 전혀 없으니 무엇이 걱정되겠는가.

칭찬과 구찌에 약한 것도 장타자들의 공통된 특징이다. 특히 거리 칭찬에 약하다. "짧은 파4홀인데 원온 한번 노려보는 게 어때?", "너 정도 장타면 충분히 넘길 수 있을 것 같은데 한번 시도해보지 그래?"

이런 소리를 들으면 우쭐하지 않을 장타자가 어디 있겠는가. 남자의 자존심은 거리 아닌가. '드라이버샷 쇼'를 보여주지 않고는 못 배긴다. 하지만 무모한 장타는 화를 부르는 법. 오히려 연타(부드러운 타구)가 장타를 만든다는 말이 있다. 장타자는 스코어에도 연연하지 않는다. 스코어카드에 보기, 더블보기로 도배되더라도, 티샷만 잘 맞았다면 그것으로 족하다. "장타 치다 보면 언젠가 스코어가 좋아지겠지." 이런 마음뿐이다. 마음 넓은 것도 장타자의 특성이다.

장타자들이 가장 좋아하는 골프 격언이 무엇인지 아는지. '장타 치기를 단념했다면 그것으로 인생도 끝장이다.' 장타자들에게 장타는 숙명이자 자존심과 같은 것이니까.

 주말골퍼, 똑바로 멀리치기!

Chapter 05

두 골프기도 이야기

약간 충격적인 기도에 관련된 유머다. 때는 야만이 판을 치던 시대였다. 순교까지 결심한 한 선교사가 미개한 나라를 찾았다. 어느 날 길을 걷던 중 식인종을 만났다. 선교사는 재빨리 기도했다. "하느님, 제 목숨을 살려 주세요." 식인종 역시 기도(?)를 했다. "맛있는 음식을 주셔서 감사합니다." 하느님은 '바람의 기도'보다 '감사의 기도'를 더 원한다고 한다. 그럼 과연 누구의 기도를 들어 주었을까?

끔찍한 상상은 말자. 만일 이게 실제 있었던 일이라면 아무리 감사의 기도를 하라고 했지만 하느님은 선교사의 기도를 들어 주셨을 게 분명하다. 하느님은 악을 싫어하시고 선을 좋아하시니까.

다음 두 명의 골퍼가 있다. 먼저 골퍼 A. 티샷을 한 공이 그만 잘못 맞아 오른쪽 숲으로 들어가더니 나무 맞는 소리가 났다. 공을 찾으러 갔더니 다행히 OB 말뚝 선상에 걸쳐 있다. 공은 살았지만 나무가 앞을 가려 레이 업을 할 수 밖에 없다.

"에이, 재수도 없지. 하느님, 이왕 꺼내주실 거면 확실하게 꺼내주시지. 이게 뭡니까?"

그 다음 골퍼 B. 똑바로 날아가던 티샷이 그만 카트 도로를 맞고 숲 쪽으로 들어갔다. 직접 그린을 노릴 수는 없지만 다행히 공은 밖으로 꺼낼 수 있는 위치에 있었다.

"하느님, 감사합니다. 역시 저는 행운아입니다. 레이업해서 파를 노릴 기회를 주시다니." 이번에는 하느님이 누구의 기도를 들어주실까? 둘의 기도는 겉으로 보면 '바람'과 '감사'의 차이다. 골퍼 A는 실력보다 운에 많이 기대는 스타일이고, 골퍼 B는 운보다는 실력을 중시하는 스타일이다.

하지만 두 골퍼의 궁극적 차이는 '부정'과 '긍정'에 있다. 골퍼 A는 늘 부정적이다. 잘 쳤을 때도, 못 쳤을 때도 항상 좋은 결과만 원한다. 연습 한번 제대로 하지 않으면서 결과에 만족하는 법이 없다.

반대로 골퍼 B는 늘 긍정적이다. 잘 맞은 샷이 결과가 나쁘게 나와도 불평하지 않는다. 모든 잘못은 자신에게 있다고 판단한다. 문제가 있다고 판단하면 늘 연습장으로 달려가 스스로를 고쳐 나간다.

골프에서 부정과 긍정이 내는 결과는 하늘과 땅 차이다. 게다가 골퍼 A와 B는 동료들로부터도 하늘과 땅 차이의 대접을 받을 게 분명하다. 골프를 잘 하고 싶은가? 멋쟁이 골퍼로 평가 받고 싶은가? 그럼 이런 기도를 하자.

"하느님, 오늘도 건강하게 골프를 할 수 있게 해주셔서 감사합니다. 잘 맞은 샷이 OB가 나도 화나지 않게 해주시고, 늘 남을 배려하는 골퍼가 되게 해주세요. 상대를 속이려는 마음도 들지 않게 해 주세요. 100타를 친들 어떻고 70대를 친들 어떻습니까. 스코어에 연연하게 하지 않게 하옵소서. 요행을 바라지 않게 해주시고, 노력한 만큼만 결과가 나올 수 있게 해주세요. 무엇보다 상대에게 존경 받는 골퍼가 되게 해주세요."

기브를 보면
진짜 상대 성격을 안다

기브(give)와 기부(寄附)는 여러모로 닮았다. 발음도 비슷하거니와 남들에게 베푼다는 의미에서도 두 단어는 공통점이 있다. 하지만 이 닮은 점을 완전히 뒤엎을 정도로 강력한 다른 점도 있다. 기부는 항상 칭찬을 받지만 기브는 어떤 때는 칭찬 대신 욕으로 돌아오기도 한다.

기브 잘 주기로 소문난 골사랑 씨. 오늘도 어김없이 기브를 남발하고 있다. 약간 애매한 거리면 '마크'보다는 기분 좋게 '오케이'를 외친다. 어느 홀에선가 동료의 공이 대략 핀과 70cm 정도 떨어졌지만 약간 내리막에 걸렸다. 잠시 고민을 하다 어김없이 '오케이'를 외쳤다. 그런데 이 기브 하나가 이날 골프 분위기를 완전히 망가뜨릴 줄, 골사랑 씨는 정말이지 몰랐다.

먼저 더블보기를 치고 홀아웃을 한 다른 동료가 잔뜩 인상을 찌푸리며 "왜 가장 못 친 나도 가만히 있는데, 잘난 척하며 오케이를 주냐"고 시비를 붙은 것이다. 소심한 골사랑 씨는 그 말을 들은 후 '오케이'뿐 아니라 완전히 다른 말까지 잃었다. 그리고 화를 낸 동료의 스코어카드를 살짝 봤다가 더 기분이 울적해졌다. 후반 들어서 3홀 연속 파를 하고 나서 더블보기를 한 것이다. 돈을 한참 땄을 텐데 그 정도도 참지 못하고 화를 낸 게 못내 섭섭했다.

이런 마음을 가지고 샷을 하니 공이 제대로 맞을 리 없다. 시비를 붙은 동료 역시 기분이 좋을 리 없어 그날 골프를 완전히 망쳤다. 그 사람의 성격을 알고 싶으면 골프를 한번 같이 해보라고 한다. 골프를 하다 보면 다양한 상황을 만나게 되고, 자연스럽게 원래 성격이 나오기 때문이다. 그리고 그 성격을 극명하게 알 수 있는 것이 바로 기브다.

아마 누구에게나 존경 받는 골프 스타일은 기브를 줄 때는 관대하고, 기브를 받을 때는 스스로에게 엄격한 골퍼일 것이다. 특히 자신에게 깐깐한 골퍼는 '탭인'이 되지 않을 애매한 거리는 가급적 기브를 받지 않는다. 기브를 한번 받기 시작하면 '받고 싶은' 기브 거리가 점점 늘어나게 될 것을 염려해서다. 그렇게 되면 짧은 퍼팅 실력도 줄어들 수 있을 것으로 생각한다.

정반대인 골퍼는 누구에게도 환영 받지 못한다. 남에게 기브를 줄 때는 짜고, 자신은 터무니 없는 거리도 기브를 달라고 우는 형이다. 사실 이런 골퍼보다 기브 때문에 화를 내는 골퍼가 더 환영 받지 못한다. 기브를 남발하는 것도 문제지만, 그렇다고 기브준 것을 갖고 시비 삼는다면 누가 그와 골프를 하고 싶겠는가.

기브로 인해 마음에 상처를 받지 않으려면 스스로에게 다짐하는 기브에 대한 몇가지 철칙을 갖고 있어야 한다. 먼저 아무리 짧은 거리라도 기브를 기대하지 않는 게 현명하다. 기브를 당연히 줄 것으로 여겼는데, 안 줬을 때 실망감은 이루 말할 수 없다. 온갖 잡념이 머리를 가득 채우게 되고, 퍼팅에 집중하기 못하고 뺄 확률이 크게 높아진다. 내가 받은 것보다 후하게 기브를 주면 동료들에게 좋은 인상을 심어줄 수 있다. 다만 남발은 피해야 한다. 그리고 그 홀에서 가장 못 친 골퍼가 선택을 할 수 있도록 권한를 주는 것이 맞다. '기부천사'는 되더라도 '기브천사'는 되지 말아야 하는 것이다.

가장 현명한 기브에 대한 유머 하나. 자신을 쫓아다니는 남자

     주말골퍼, 똑바로 멀리치기!

세 명과 함께 라운드를 하게 된 미녀 골퍼. 넣기만 하면 생애 첫 싱글을 기록할 수 있는 짧은 마지막 퍼팅을 남겨둔 그녀는 자신을 제대로 도와준 남자에게 데이트 기회를 주기로 작정했다. 첫 번째 남자는 손목을 쓰지 않는 게 가장 중요하다고 가르친다. 두 번째 남자는 숨겨진 경사가 있으니 홀 왼쪽을 많이 봐야 한다고 조언한다. 이번에는 마지막 남은 남자 골퍼 차례.

"기브 줄게요, 그냥 공 집으세요."

Chapter 07

골프가 그대를
속일지라도…

러시아의 시인 알렉산더 푸쉬킨은 '삶이 그대를 속일지라도 슬퍼하거나 노하지 말라'며 고달픈 삶도 긍정하라고 했다. 흔히 골프를 인생에 비유한다. 그렇다면 골프가 우리를 속일지라도 슬퍼하거나 노하지 않을 수 있을까. 골프가 우리를 가장 심하게 속일 때는 바로 연습한 만큼 성적이 나오지 않을 때다. 골프 전설 중 한명인 벤 호건은 "하루 연습하지 않으면 내가 알고, 이틀을 하지 않으면 캐디가 알고, 사흘을 하지 않으면 갤러리가 안다"고 한 적이 있다. 연습의 중요성을 설파한 말이다.

골프뿐 아니라 모든 운동선수들이 금과옥조처럼 마음속에 품고 있는 금언은 '연습은 속이지 않는다'는 것이다. 아시아의 유일한 메이저대회 우승자인 양용은 선수도 카카오톡 창에 '연습이 최고의 스승이다'는 글귀를 띄워 놓고 있다.

하지만 주말골퍼의 세계가 어디 그런가. 매일 연습장을 찾는

'프로 빰치는' 아마추어 고수들은 어떨지 모르지만 한 달에 많아야 서너 번 라운드를 하는 '진짜' 주말골퍼들에게는 연습량이 그대로 성적으로 이어지지는 않는다.

오히려 독이 될 때도 있다. 모처럼 잡힌 '결전'을 앞두고 날카롭게 칼을 갈아 봤지만 평소 스코어조차 나오지 않을 때가 자주 있다. 착한 골퍼보다 나쁜 골퍼의 성적이 좋을 때도 골프가 우리를 화나게 한다. 남몰래 공을 좋은 위치에 옮겨 놓고 샷을 하거나, 툭하면 규칙 위반을 하는 골퍼가 그렇지 않은 주말골퍼의 주머니를 털어 가는 경우가 많다.

성격도 마찬가지다. 마음 약한 골퍼는 까칠한 골퍼보다 대체로 성적이 좋지 못하다. 아무래도 까칠한 골퍼가 승부 근성이 강한 게 보통이기 때문이다. 남보다 짧은 샷 거리도 우리를 슬프게 한다. 자신보다 10살이나 많은 골퍼가 10야드 이상 더 칠 때, 나보다 20cm 작은 골퍼가 20야드를 더 보낼 때도 골프는 우리를 슬프게 한다.

하지만 그래도 골프에 빠지는 이유는 속일 때보다 기쁘게 할 때가 더 많기 때문일 것이다. 아니 골프가 우리를 속이는 것도 착시현상일 수 있다. 골프평론가인 버너드 다윈은 연습도 4종류로 봤다. 마구잡이로 연습하는 것, 현명하게 연습하는 것, 어리석게 연습하는 것, 전혀 연습하지 않는 것이다.

내 연습이 혹시 마구잡이식으로, 아니면 어리석게 하지 않았나 생각해 볼 일이다. 연습하지 않는 것보다 어떤 방식이더라도 연습하는 게 스코어를 좋게 하는 것 또한 진리이다. 초보 때를 떠올려 보면 지금의 내 골프가 얼마나 많은 발전을 이뤘는지 알 수 있다.

규칙을 위반하며 좋은 성적을 내는 나쁜 골퍼에게는 대신 하나둘 씩 라운드 동료가 그의 곁을 떠나는 대가를 치르게 될 것이다. 샷 거리가 짧은 것도 결코 슬퍼하거나 노할 일은 아니다. 미국프로골프(PGA) 투어 8승에 빛나는 최경주는 신한동해오픈 인터뷰 자리에서 "내 자신의 (짧은) 샷 거리를 인정하면서 오히려 전체적인 골프 실력이 더 늘었다"고 했다. 장타보다 내 자신을 아는 것이 스코어 향상에 큰 도움이 됐다는 것이다.

골프와 관련된 영국 속담에 '화내는 것을 모르면 어리석다. 하지만 화내는 것을 알고 잘 참는 자는 현명하다'고 했다. 골프는 참을 인(忍)자를 마음에 새기면서 발전하는 운동인 것이다. 그러니 골프가 우리를 속일지라도 결코 슬퍼하거나 노하지 말자.

Chapter 08

100세 시대의
골프 버킷 리스트

버킷 리스트(bucket list)란 게 있다. 간단히 말해서 죽기 전에 꼭 하고 싶거나 보고 싶은 일을 적은 목록을 말한다. '죽다'라는 뜻으로 쓰이는 속어인 '킥 더 버킷(kick the bucket)'에서 나온 말이다. 중세 시대에는 교수형을 집행하거나 자살을 할 때 올가미에 목을 걸고 뒤집어 놓은 양동이(bucket) 위에 올라간 뒤 양동이를 걷어차 목을 맸다고 한다. 이게 '킥 더 버킷(kick the bucket)'의 유래로 알려져 있다. 2007년 롭 라이너 감독이 잭 니콜슨과 모건 프리먼을 주연으로 만든 영화 〈버킷 리스트〉가 상영된 후 널리 사용되기 시작했다.

2008년 스웨덴 스톡홀름의 카롤린스카연구소는 아주 흥미로운 발표를 했다. 골프를 하는 사람이 골프를 하지 않는 사람에 비해 5년을 더 산다는 내용이었다. 스웨덴 골퍼 30만 명을 표본으로 했다고 하니 꽤 믿을 만한 결과라고 할 만하다.

그리고 한 가지 더 흥미로운 사실은 골퍼 중에서도 핸디캡 낮은 골퍼가 핸디캡 높은 골퍼보다 더 오래 산다는 것이다. 자신의 골프 실력을 유지하기 위해 더 열심히 연습하고 라운드를 자주 하려고 노력하기 때문이다. 오래 살고 싶으면 일단 골프를 잘 치고 볼 일이다.

100세 시대의 골프장은 이런 모습일 수 있다. 100세 노인이 멋지게 티샷을 날렸지만 눈이 어두워 공이 어디로 갔는지 보지 못해 101살 라운드 동료에게 물었다. "내 공 날아가는 것 봤어?" 그러자 귀가 잘 들리지 않는 동료 왈. "뭐? 손자가 아들을 낳았다고?" 그럼 다시 한 번 재차 소리쳐야 한다. "(이번에는 큰 소리로) 아니, 내 공 날아가는 거 봤냐고?" 답이 걸작이다.

"아, 금방 친 공? 그럼 봤지. 그런데 분명 보긴 봤는데, 글쎄 어디에 떨어졌는지 그만 까먹어버렸어."

100세 시대를 현명하게 준비하는 골퍼라면 가장 먼저 '골프 버킷 리스트'를 작성할 것 같다. 모든 골퍼들의 공통된 골프 버킷 리스트 중에는 아마도 '에이지 슈트'가 끼지 않을까 싶다. 자신의 나이보다 적게 치는 게 에이지 슈트다. 70세라면 70타 이내를 치는 것이다. 젊었을 때도 70대 스코어도 한번 못 내본 골퍼가 어찌 70타 이내를 치겠는가? 하지만 90세에 90타 이내에 도전하는 것은 불가능하지만은 않을 것이다. 100세에 100타를 친다면 얼마나 의미가 있겠는가.

물론 샷 거리가 줄어들 것이다. 시력이 나빠져 집중력도 떨어질 것이다. 하지만 거리는 시니어 티를 사용하면 별 문제될 것이 없다. 시력도 의학이 발달돼 획기적인 '시력 좋아지는 방법'이 나올 수 있다. 오히려 구력으로 숏 게임 능력이 좋아져 스코어는 그렇게 후퇴하지 않을 것이다.

은퇴한 후라면 1년 365 라운드에 도전하는 것도 의미 있을 것이다. 얼마 전 초등학교 5학년 아들이 학교에서 작성해보라고 해서 썼다는 '나의 드림 리스트 100'을 보고는 기가 막혔다. 그걸 모두 이루려면 1조 원은 있어도 모자랄 듯했다. 맥주 마셔보기, 실컷 놀기, 5일 동안 롯데월드에서 놀아보기 등 그 나이 또래가 하고 싶어 하는 것도 있지만 우주 여행가기, 별장 짓기, 무중력 체험하기, 화성에 가보기처럼 이루기 불가능해보이는 것도 많다. 하지만 이런 생각도 들었다. 꿈은 원대한 것이 좋다고.

  주말골퍼, 똑바로 멀리치기!

그래야 더욱 열심히 살 게 아닌가.

　골프 버킷리스트도 마찬가지다. 불가능한 것은 안 되지만 원대한 것은 나쁠 것 없다. 그 도전을 모두 이루기 위해서라도 골프 실력은 늘고, 생은 더 길어질 것이기 때문이다. 그러니 골프를 치는 당신은 행운아다.

Chapter 09

월백 골퍼,
파백 시절 모른다

　'꿈의 무대'라는 미국프로골프(PGA)에서 최악의 스코어는 어느 정도일까? 30오버파? 50오버파? '설마 전 세계에서 모인 톱 골퍼 중에서 그 정도로 못 치는 선수가 있지는 않겠지'라고 생각할지 모르겠다. 하지만 1974년 마이크 리조 라는 골퍼가 탤러해시오픈에서 무려 93오버파 381타를 친 적이 있다. 3라운드에 123타를, 4라운드 때는 114타를 쳤다. 주말에만 93오버파 237타를 친 것이다.

　그에게 무슨 일이 있었던 걸까? 1969년에서 1978년 사이에 PGA투어에서 활약한 리조는 이 기간 동안 10위 이내에 10번 밖에 들지 못할 정도로 신통치 않은 성적을 낸 무명 선수다. 컷 통과만 해도 그는 뛸 듯이 기뻐했다고 한다.

　1974년 탤러해시오픈에서도 컷 통과를 하고 나서 너무 들뜬 나머지 마음을 안정시키려고 고민하다 말을 타기로 했다. 하지만 그게 화근이 될지 그는 전혀 몰랐다. 그만 말이 갑자기 나무 숲으로 돌진하는 바람에 왼쪽 어깨가 탈골되는 등 몸 전체에 심각한 부상을 당한 것이다. 출전하지 말라는 의사의 만류에도 불구하고 끝까지 경기를 하고 싶었던 그는 5번 아이언으로 오른팔 하나로만 스윙하면서 72홀을 모두 마쳤다.

티샷이 레이디 티를 겨우 넘을 정도였다고 하니 스코어는 말할 필요도 없었다. 그나마 3라운드보다 4라운드에서 9타나 줄인 것으로 만족해야 했다. 그토록 골프를 사랑했던 리조는 2002년 그다지 많지 않은 60세의 나이로 천상의 필드로 떠났다. 주말골퍼는 타수에 상당히 집착하는 경향이 있다. 특히 세 자리 타수의 경계가 되는 100타에 울고 웃는다.

초보자가 골프에 입문하고 나서 가장 먼저 꾸는 꿈은 '파백(破百)'이다. 100타를 깬다는 의미다. 물론 머리 올리기 전에 연습을 많이 하거나 천부적인 소질을 타고난 골퍼는 첫 라운드 때부터 두 자리 숫자 타수를 치는 경우도 있지만 웬만해서는 100타 이내로 치기가 쉽지 않다. 각고의 노력 끝에 100타를 깼을 때의 그 기쁨이란! 느껴 보지 않은 이에게는 아무리 설명해도 가슴에 와 닿지 않을 것이다.

하지만 공이 좀 맞게 되면서부터 골퍼는 초보적 시절을 완전히 잊는다. 초보였던 적이 있었던지 의심될 정도다. '개구리, 올챙이 적 생각 못한다'는 속담이 그렇게 잘 맞아 떨어질 수가 없다. 초보적만 해도 가장 좋아하는 숫자가 '100'이었지만 이젠 가장 싫어하는 숫자 역시 '100'이 된다. 그가 가장 싫어하는 말이

    주말골퍼, 똑바로 멀리치기!

'백돌이'다. 컨디션이 좋지 않거나 코스가 너무 어려워 '월백(越百)'이라도 하는 날이면 집에 초상난 것보다 더 심각한 얼굴을 한다.

사실 새로 오픈한 골프장 중에는 주말골퍼의 스코어가 평소보다 10타 이상 나오기 어려운 곳이 의외로 많다. 그런 곳에서 자칫 방심하다가는 100타를 훌쩍 넘는다. 코스의 쉽고 어려운 정도를 나타내는 '코스레이팅'이라는 개념이 있지만 현재 국내 골프장 중 코스레이팅이 조사되어 있는 곳은 많지 않다.

그러다 보니 어떤 골프장에서는 80대가 쉽게 나오고, 어떤 골프장에서는 90대 치기도 만만치 않지만 그게 자신의 컨디션에 따라 달라진다고 착각하는 것이다. 강원도 춘천에는 휘슬링 락 CC가 있다. 휘슬링 락은 '휘파람을 부는 바위'란 뜻이다. 실제로 바람이 세게 불면 바위 사이로 휘파람 소리가 난다고 한다. 자연 지형을 살린 코스 레이아웃으로 해저드를 넘겨 쳐야 하는 경우가 많아 공을 잘 띄우지 못하는 골퍼는 평소 스코어를 내기가 어렵다.

공이 잘 뜨지 않지만 굴려서 핀에 갖다 붙이기에 도가 튼 '뱀

샷 도사' 골사랑 씨. 어느 날 휘슬링 락에 갔다가 파 하나 달랑 잡고 그만 100타를 훌쩍 넘어 버렸다. 휘슬링 락이 부는 아름다운 휘파람 소리를 들으러 갔다가 그만 자신이 내는 곡소리를 듣고만 것이다.

오만상을 찌푸린 그의 얼굴만 보면 다시는 골프를 안 칠 것 같은 분위기다. 오늘도 하늘에서 열심히 라운드하고 있을 'Mr 93 오버파' 리조는 골사랑 씨에게 이런 말을 하고 싶을 것이다. "언젠가 골프를 할 수 없을 때가 올 거죠. 골프를 칠 수 있을 때가 좋지 않나요. 100타를 처음 넘었을 때 자신의 모습을 한번 떠올려 보세요. 세상을 모두 얻은 것 같았잖아요."

Chapter 10

나에겐 언제나
마지막 라운드

골프에 푹 빠진 골사랑 씨. 어느 화창한 날, 날씨와는 정반대로 샷을 하는 '족족' OB 구역이며, 해저드며 벙커로 들어간다. 너무 화가 난 나머지 그만 혈압이 머리 꼭대기까지 올라 제 명을 다 채우지 못하고 하늘나라로 가게 됐다. 이제 하느님 앞에 선 골사랑 씨. 그 마지막 라운드가 너무 억울해 하느님께 한 번만 더 세상으로 돌아가 라운드를 할 수 있게 해달라고 졸랐다. 평소 착한 일 많이 하기로 소문난 골사랑 씨를 측은하게 여긴 하느님이 이를 허락한다.

하지만 하늘나라 골프 규칙 제1조 제1항에는 '죽은 자는 산 자와 라운드를 할 수 없다'고 돼 있어 혼자 골프를 하게 됐다. 대신 하느님은 골사랑 씨가 마음 먹은 대로 모든 기록을 세울 수 있게 전지전능한 '능력'을 부여했다.

신이 난 골사랑 씨. 파4홀인 첫 홀부터 기분 좋게 버디가 나오도록 신통한 능력을 발휘한다. 300야드가 넘는 황홀한 티샷에 핀에 붙는 두번째 샷까지, 실로 완벽한 버디였다. 두 번째 파4홀에서는 '파4홀 홀인원'을 하고 싶었다. 첫 파5홀에서는 '퍼팅 이글', 두 번째 파5홀에서는 '샷 이글', 세 번째 파5홀 티잉그라운드에 서자 이번에는 확률이 '200만 분의 1'이라는 앨버트로스도 잡고 싶었다. 파3홀은 모두 홀인원으로 '도배'했다.

18홀을 돌고 나니, 그의 스코어카드에는 홀인원 12개(파4홀 8개, 파3홀 4개), 파5홀 앨버트로스 2개, 파5홀 이글 2개, 버디는 고작(?) 2개뿐이었다. 스코어를 합산해봤더니 무려 36언더파 36타라는 '기적의 성적'이 나왔다.

엄청난 스코어에 뛸듯 기쁜 마음도 잠시, 골사랑 씨 마음에 갑자기 서글픔이 파도처럼 밀려온다. 기쁨을 함께 할 동료가 없다는 것이 가장 마음이 아팠다. "아, 이래서 골프는 서너 명이 한 조로 치는구나." 그리고 18홀을 도는 데, 채 30분도 걸리지 않았다. 퍼팅을 포함해 혼자서 한 샷이 36번 밖에 되지 않으니 시간이 걸릴 리 없었다. 동료들과 농담도 해 가면서 하던 그 라운드가 너무 그리웠다.

나쁜 스코어가 없고, 좋은 기록만 있는 게 이렇게 허무한 것인지 예전에는 미처 몰랐다. '업 앤 다운'이 있어서 골프가 재미있었다는 것도 그제야 깨우쳤다. OB가 그립고, 벙커에도 갑자기 애틋한 감정이 솟아났다. '툭'하면 OB를 내고, 3퍼트를 하던 옛 라운드가 떠오르자 골사랑 씨는 비로소 미소 가득한 얼굴을 하고 하늘나라로 향했다.

병마와 싸움하면서도 언제나 웃음을 잃지 않는 이해인 수녀님이 언젠가 남겼던 다음 글은 모든 골퍼들에게도 통용되는 금과옥조다. '오늘 이 시간은 내 남은 생애의 첫날이며, 어제 죽어간 어떤 사람이 그토록 살고 싶어 하던 내일이다.'

너무 거창하다고 할지 모르지만 오늘 이 라운드는 내 남은 라운드 중 첫 라운드이고, 어제 죽어간 어떤 사람이 그토록 하고 싶어 했던 라운드 아니겠는가. 골프에 미쳐 1년에 100번 라운드를 한다고 해도 골프 구력 40년인 노골퍼도 4,000라운드 밖에 채우지 못하는 것이 바로 골프 인생이다. 항상 감사하며 살아야 하는 것은 삶의 지혜이자 골프의 지혜이기도 하다.

주말골퍼,
똑바로 멀리치기!

초판 1쇄 2013년 9월 10일

지은이 오태식
펴낸이 성철환 **편집총괄** 고원상 **담당PD** 이경주 **펴낸곳** 매경출판㈜
등 록 2003년 4월 24일(No. 2 – 3759)
주 소 우)100 – 728 서울 중구 필동1가 30 – 1 매경미디어센터 9층
홈페이지 www.mkbook.co.kr
전 화 02)2000 – 2610(기획편집) 02)2000 – 2636(마케팅)
팩 스 02)2000 – 2609 **이메일** publish@mk.co.kr
인쇄 · 제본 ㈜M – print   031)8071 – 0961

ISBN 979 – 11 – 5542 – 028 – 7(03690)
값 15,000원